조선의 경계,
만남과 갈등의
무대

조선의 경계,
만남과 갈등의
무대

초판 1쇄 인쇄일	2025년 11월 19일
초판 1쇄 발행일	2025년 11월 26일

기　획	한국국학진흥원
지은이	김성희
펴낸이	한선희
펴낸곳	국학자료원 새미(주)
	등록일 2005 03 15 제251002005000008호
	경기도 고양시 덕양구 권율대로 656 원흥동 클래시아 더 퍼스트 1519, 1520호
	Tel 02)442-4623 Fax 02)6499-3082
	www.kookhak.co.kr
	kookhak2010@hanmail.net
ISBN	979-11-6797-268-2 *94910
	979-11-6797-264-4 *94910 (세트)
가격	13,000원

ⓒ 한국국학진흥원 인문융합본부, 문화체육관광부

* 이 책의 한국어판 저작권은 한국국학진흥원과 문화체육관광부에 있습니다. 신저작권법에 의해
　보호받는 저작물이므로 무단 전재와 복제를 금합니다.

* 저자와의 협의하에 인지는 생략합니다.
　국학자료원 · 새미 · 북치는마을 · LIE는 국학자료원 새미(주)의 브랜드입니다.

김성희 지음
한국국학진흥원 기획

조선의 경계, 만남과 갈등의 무대

국학자료원

◆ 책머리에

　한국국학진흥원은 2022년부터 문화체육관광부의 지원 아래 전통생활사총서 사업을 기획하였다. 이 사업은 전통시대 생활문화를 대중에게 널리 알리고자 해마다 20명의 생활사 전문 연구진을 섭외하여 추진해 왔다. 지난해까지 40종의 총서를 대중에게 선보였고, 올해도 다채로운 주제를 담은 20권을 발간하였다.

　한국국학진흥원은 국내에서 가장 많은 67만여 점에 이르는 민간 기록물을 소장하고 있는 기관이다. 대표적인 민간 기록물이라 할 수 있는 일기와 고문서는 당시 사람들의 일상을 세밀하게 이해할 수 있는 생활사의 핵심 자료이다.

　그동안 한국의 역사는 '조선왕조실록'이나 '승정원일기'와 같이 세계적으로 자랑할 만한 국가 기록물의 존재로 인해 중앙을 중심으로 이해되어 온 경향이 있다. 반면 민간의 일상생활에 대한 이해와 연구는 상대적으로 덜 주목받은 것도 사실이다. 다행히 한국국학진흥원은 일찍부터 민간에 소장되어 소실 위기에 처한 자료들을 수집하고 보존 처리하며 관리해 왔다. 나아가 이들 자료를 번역하고 심층 연구하여 대중에 공개했다. 이러한 민간 기록물을 활용하고 일반 대중에게 기여할 수 있는 효과적인 방법으로, '전통시대 생활상'을 생생하게 재현한 대중서로 집필하기에 이르렀다. 이는 일반인이 쉽고 재미있게 읽을 수 있는 전통생활사총서를 간행한 이유이기도 하다.

총서 간행을 위해 일찍부터 생활사의 세부 주제를 발굴하는 전문가 자문회의를 개최하고, 전통 생활문화를 가장 잘 구현할 수 있는 핵심 키워드를 선정하였다. 인간의 생활을 규정하는 보편적 분류인 정치, 경제, 사회, 문화의 큰 틀 아래, 매년 각 분야에서 핵심적이고 흥미로운 키워드를 선정하여 집필 주제를 정했다. 이번 총서의 키워드는 정치는 '지방 수령의 생활', 경제는 '시장 경제와 화폐 유통', 사회는 '질병과 의료', 문화는 '여가생활'이다.

각 분야마다 5명의 전공자로 집필진을 구성하고, 독자들이 어디서나 가볍게 들고 다니며 쉽게 읽을 수 있도록 다양한 사례를 풍부하게 담아달라고 요청하였다. 풍부한 사례 제시와 더불어 전문 연구자의 깊이 있는 시각을 담아 대중성과 전문성을 동시에 담보할 수 있는 것이 본 총서의 매력이다.

전문적인 서술로 대중을 만족시키기는 결코 쉽지 않다. 원고 의뢰 이후 5월과 8월에는 각 분야의 전공자를 토론자로 초청하여 2차례의 포럼을 진행하였고, 11월에는 완성된 초고를 바탕으로 대규모 학술대회를 개최하였다. 포럼과 학술대회를 통해 원고의 방향과 내용이 더욱 견고해지도록 점검하는 시간을 가졌다. 원고 수합 이후에는 각 책마다 전문가 3인의 심사 의견을 받았다. 출판사를 선정하여 수차례의 교정과 교열 작업을 거치며 완성도를 극대화했다. 책이 세상의 빛을 보기까지 꼬박 2년이 걸렸다. 짧다면 짧은 기간이지만, 2년의 응축된 시간 동안 꾸준히 검토 과정을 거쳤고, 토론과 교정을 통해 원고의 완성도를 높이기 위해 분주히 노력했다.

전통생활사총서는 국내에서 간행하는 생활사총서로는 가장 방대한 규모이다. 국내에서 전통생활사를 연구하는 학자 대부분을 포함하였다. 2024년도 한 해의 관계자만 연인원 백 명이 넘는 명실공히 국내 최대 규모의 생활사 프로젝트이다.

1990년대 이후 폭발적으로 증가했던 일상생활사와 미시사 연구에 대한 학계의 관심이 근래 들어 다소 소홀해진 상황이다. 본 총서의 발간이 생활사 연구에 활력을 불어넣는 계기가 되기를 기대한다. 연구의 활성화는 연구자의 양적 증가로 이어지고, 연구의 질적 향상 또한 이끌 것이다. 이는 전통문화에 대한 대중들의 관심 역시

증폭시키는 선순환을 만들어 낼 것이라 고대한다.

본 총서는 한국국학진흥원의 연구 역량을 집적하고 이를 대중에게 소개하기 위해 기획된 대표적인 사업 중 하나이다. 참여 연구자의 대다수가 전통시대 전공자이며 앞으로 수년간 지속적인 간행을 준비하고 있다. 올해에도 20명의 새로운 집필자가 각 어젠다를 중심으로 집필에 들어갔고, 내년에 또 20권의 책이 간행될 예정이다. 앞으로 계획된 총서만 100권에 달하며, 여건이 허락하는 한 이 소중한 작업을 지속할 예정이다.

대규모 생활사총서 사업을 지원해 준 문화체육관광부에 감사하며, 본 기획이 가능하게 된 것은 한국국학진흥원에 자료를 기탁해 준 분들 덕분이다. 다시 한번 깊이 감사드린다. 아울러 총서 간행에 참여한 집필자, 토론자, 자문위원 등 연구자분들께도 진심으로 감사 인사를 전한다. 책의 편집을 책임진 국학자료원에도 고마움을 표한다. 이 모든 과정은 한국국학진흥원 여러 구성원들의 노력이 있었기에 가능했다.

2025년 11월
한국국학진흥원 인문융합본부

차례

책머리에   4

들어가는 말   10

1. 북변 접경 지역의 갈등 사례
   : 불분명한 경계, 침해받는 일상   15

  선을 넘는 사람들   17
  손님맞이의 어려움   54

2. 남변 접경 지역의 갈등 사례
   : 높은 담장, 그 너머를 바라보는 시선   87

  담을 넘는 사람들   89
  금단의 선을 넘어   104

나오는 말   118

주석   120

참고문헌   134

◈   들어가는 말

 이 글은 조선시대 '접경[1]' 지역에서 활동하였던 관원이 직간접적으로 남긴 기록을 통해 해당 지역의 사람들이 경험한 일상과 비일상의 단면을 조명하려는 시도이다. 특히 경계가 맞닿은 시공간에서 발생한 갈등의 양상과 그 배경을 소개·분석함으로써 이러한 갈등을 형성한 당대의 역사·문화·사회 구조와 특성을 진단하려는 것이 이 글의 목적이다.
 주지하듯 조선은 북으로 중국, 남으로 일본과 경계를 맞대고 있었으며, 대륙과 해양을 통해 제반 외부 세력과의 관계 맺기를 지속하였다. 이에 조선인은 중국과 일본의 정치 세력 변동과 전란과 같은 역사의 변천에 직접적으로 영향을 받게 됨에 따라 사회 안팎에서 갈등이 표출되었다. 조선을 전방위적으로 둘러싼 접경 지역에서 채록된 관원의 문견에는 이와 같은 갈등 사례가 비교적 소상히 기록되어 있으므로 이를 통해 당대인의 일상에 파급된 조선시대 역사 환경의 변화상을 생생히 읽어 볼 수 있을 것이라 기대한다.
 한 나라가 그 이웃 나라와 경계를 맞대고 있는 '접경' 지역은 자국의 대외 발전 혹은 팽창을 위해서는 전초기지가 되는 곳이며, 경우에 따라서는 경계를 맞댄 나라와의 이해가 충돌하는 공간이기도 하다. 현대적인 개념의 국경선이 분명치 않았던 시기의 조선과 중국의 국경에서는 양국의 변경에 살았던 백성[邊民]의 불법 월경[犯越]과 입거入居, 개간開墾 등으로 인한 국경 분쟁이 빈번히 발생하였으며, 특히 전란 기간에는 대규모 유민流民의 이동, 전쟁 물자의 조달 등에서 야기된 비일상적 차원의 갈등 역시 일상적으로 발생하였다.

통상 조선시대 압록강·두만강 유역은 조선과 명·청의 국경이라고 상호 인식되었지만, 국가 간의 명확한 국경 인식이 형성된 것은 18세기 후반이었다. 그 이전까지 이 일대는 중국인·여진인·조선인 등이 혼재하던 공간이었다.[2] 이처럼 국가나 민족 등 뚜렷한 범주로 구분되지 않는 여러 구성원이 뒤섞여 있었던 북변北邊 접경 지역에서는 시기에 따라 다양한 갈등이 발생하였다.

반대로 왜관倭館으로 대표되는 남변南邊 접경 지역은 명확한 해안선을 경계로 하여 조선과 일본이 대면하던 공간이었다. 특히 조선 조정은 1678년 초량草梁에 새로 왜관을 세울 당시 그 둘레에 약 2.9km에 달하는 담장을 치고 1709년에 다시 돌담으로 고쳐 쌓았을

그림 1
〈요계관방지도遼薊關防地圖〉, 서울대학교 규장각한국학연구원 소장

만큼 조선인과 일본인의 무분별한 혼재를 분명히 경계하였다. 조선은 일본 측 손님에 대한 교섭과 시혜의 공간으로서 왜관을 조성하였지만 그 호의는 어디까지나 법의 테두리 안에서만 베풀어지는 것이었고, 돌담 경계를 불법으로 넘나드는 자에게는 엄한 처벌이 가해졌다. 그럼에도 왜관에 거주하는 일본인들은 여하한 욕구의 성취를 위해 담장 밖으로 나가고자 하였기에 왜관을 둘러싼 양국인의 갈등은 다양한 모습으로 표출되었다.

이러한 관심과 연동하여 필자는 본문의 내용을 다음과 같이 구성하고자 한다. 조선 후기 관원이 경험한 다양한 유형의 갈등 사례를 우선 북변 접경 지역과 남변 접경 지역 위주로 나누어 분석하고, 각 사례에 대한 분석 내용을 각각 본문 1-2장에 배치하도록 하겠다. 이와 같은 본문 구성은 중국의 정치 지형 변화와 조·중 양국 간의 정치 현안에 가장 직접적인 영향을 받았던 북변 접경 지역의 갈등과 왜관의 높은 담장만으로는 감당할 수 없었던 남변 접경 지역에서의 갈등이 명확히 표출된 상황을 발굴하여 소개하고 그 시공간적 배경과 맥락을 분명히 제시하기 위한 목적을 가진다.

이 책에서는 상기의 목적을 이루기 위한 참고 자료로써 『조선왕조실록』, 『승정원일기』, 『비변사등록』 등 조선시대 연대기 자료 분석에 집중하고자 한다. 아울러 『동문휘고同文彙考』와 『통문관지通文館志』, 『변례집요邊例集要』, 『증정교린지增正交隣志』 등 대외관계사의 1차 사료 및 연혁 등을 수록한 자료에도 관심을 기울여 분석의 밀도를 제고하겠다. 또한 『북행수록北行隨錄』, 『내부일기』 등 접경 지역 관원이 직접 작성한 견문록, 풍토기 등을 광범하게 개관함으로써 조선 사회의 안팎에서 발생한 갈등 상황에 관한 당대인의 경험을 여실하게 공유하고자 한다. 특히 인용 사료의 원문을 본문과 주석에 풍부하게 제시함으로써 독자가 당대 기록자의 견문을 가감 없이 들여다보고 추가적인 독서를 수행할 수 있는 여지를 넓히도록 하겠다.

북변 접경 지역의 갈등 사례

: 불분명한 경계, 침해받는 일상

선을 넘는 사람들

조선 전기의 연대기 자료를 살펴보면 북변 접경 지역의 백성이 조·명 간의 경계를 몰래 넘어 요동 지역을 드나들거나 아예 유망流亡하여 숨어 사는 사례가 심심찮게 확인된다.[3] 당대의 행정망에 포착된 사례만이 기록으로 남게 된다는 사실을 고려하였을 때 실제로는 이러한 월경 사례가 더 많이 발생했을 것으로 생각해 볼 수 있다. 이들 백성이 불법을 감수하고 엄연한 국경을 넘나들었던 이유는 무엇이었을까? 관련 연구를 살펴보았을 때, 먹거리와 돈벌이 밑천의 확보, 과중한 부역의 회피, 관리의 학정으로부터의 도피 등 생활고 타파를 위한 동기가 주요하게 작용하였음을 알 수 있다.[4] 인구가 소밀한 국경 지역의 생활환경은 대체로 열악하였고, 가뭄 등의 자연재해에도 취약하였다. 더불어 이 지역의 백성들은 변경의 각 요새에서 방어 임무(赴防)를 수행하고, 사신의 호송 및 화물 운반, 축성 등의 무거운 의무도 수행해야 했다.[5] 여기에 더해 지역 관원들의 학정과 횡포까지 가해졌을 때 변민들의 시선은 경계 저 너머를 향할 수밖에 없었을 것이다.[6] 관련하여 북변 접경 지역 백성의 월경이 이미 고려 말부터 빈발하였던 사실을 시사하는 실록 기사가 주목된다.

동팔참東八站 수백 리에 사는 백성과 동녕위東寧衛의 백성은 관부官府에서는 한어漢語를 쓰나, 가족들과 말할 때는 우리나라 말을 쓰니, 본디 평안도에 살던 백성을 고황高皇 때에 찾아간 자들인데, 동팔참 일로一路에 사는 백성이 날로 번성하여 점점 우리 경계에 가까이 오며, 용봉 신참龍鳳新站도 경계에 바싹 가깝거니와, 요동遼東 백성의 공부貢賦·역역力役이 헐한 것은 우리 백성보다 훨씬 다를 뿐이 아닙니다. 상정常情에 있어서는 무거운 것을 피하여 가벼운 데로 가는 것이 이세理勢의 자연스러운 것이므로 미리 염려하지 않을 수 없습니다. 반드시 깊은 인애와 두터운 은택으로 어루만지고 돌보아야 안정하여 살 수 있을 것이니, 의주義州 등 연변의 10여 성城의 수령은 관후寬厚하고 자상하며 마음이 깨끗하고 고요하여 욕심이 없는 자를 가려 임금의 은택을 펴서 민심을 안정시켜야 하겠습니다. 그렇게 하지 않으면, 금지하는 법을 엄하게 세워 국경을 굳게 하더라도, 인심이 어찌 하루아침에 문득 수습되겠습니까?"[7]

위 인용문은 사헌부司憲府 대사헌大司憲 박건朴楗 등이 올린 상소문의 한 대목이다. 여기에서 언급된 동팔참과 동녕위는 각각 압록강에서 중국 산해관山海關 사이에 있던 여덟 군데의 역참驛站과 명나라 홍무洪武 연간 19년(1386)에 요양遼陽 지역부터 압록강 하류에 걸치는 광범한 지역을 관할하도록 설치한 요새[衛所]를 일컫는 용어이다. 또한 '고황'은 명나라 태조를 가리키는 것이었다. 이를 통해 북변 접경 지역 백성의 요동으로의 월경은 이미 고려 말부터 시작되고 있었으며, 이러한 선택은 주로 역역力役을 피하여 생활을 개선하려는 목적하에 이루어졌음을 알 수 있다. 이후 시기에도 이 지역 백성의 월경과 유망이 지속적으로 발생하였던 사실 또한 실록 기사를 통해 확인된다. 연산군 6년(1500) 2월 12일 의정부議政府에서 올린 보고서[書啓]의 일부를 살펴보자.

> 평안도는 나라의 서쪽 관문으로서 전조前朝 말기에 있어서 원나라가 쇠해진 무렵, 홍건적紅巾賊의 남은 무리가 동쪽으로 내달아 나왔는데, 평안도가 먼저 그 칼날을 받아 강물이 터지듯 생선이 썩듯 지탱하지 못하였습니다. 이것은 적의 형세가 강성할 뿐만 아니라 당시의 병력이 적고 약해서 스스로 떨치지 못하여서입니다. 지금은 중국이 무사하니 만에 하나라도 이런 염려는 없겠지만, 말세의 일을 미리 짐작할 수는 없습니다. 더구나 지금 야인野人이 우

리 변방의 환란거리가 되어 방어가 제일 긴요한데 현재의 병력이 이런 수효밖에 안 되니, 어찌 몸에 부닥친 병이 아니겠습니까. 신 등이 밤낮으로 생각하는 것은 본도 연변 각 진鎭의 겨울·여름 방수防戍가 진실로 백성의 힘을 축소시킨다는 것입니다. 여기에 또 1년에 세 번씩 명나라 서울로 가는 행차가 있어 보내고 맞이하는 말 바리에 수고로움이 막심한데, 일행 중 통사通事 등의 여러 관공官公 무역품, 포목 외에 사사로이 가져가는 물화가 많으면 7-8천여 필에 이르며, 금·은 등속은 우리나라에서 나지 않고 금법에 실려 있는 것이지만 역시 몰래 가지고 가는 것이 많으며, 기타 함부로 가져가는 잡물은 이루 셀 수 없을 정도인데, 이것을 모두 호송군護送軍에게 책임지워 실어가게 합니다. 이래서 백성이 명령을 감당하지 못하고 고역苦役을 면하려고 요동 동팔참으로 몰래 들어가는 자가 잇달아 있습니다. 더구나 지금 신설된 탕참湯站 봉황성鳳凰城은 의주와 서로 바라다보이는 하룻길의 거리로서 백성들이 들어가서 숨기에 그 형세가 매우 쉬우니 어찌 염려되지 않겠습니까. (하략)"[8]

위의 인용문을 통해 평안도의 백성들에게 부과된 변진邊鎭 방어, 사신 호송 등 과중한 고역으로 인해 해당 지역의 민력이 심각히 소모되고, 이에 따라 손쉬운 월경을 택하는 자들이 잇따르고 있었음을 확인할 수 있다. "백성이 명령을 감당하지 못하고 고역苦役을 면하려고 요동 동팔참으로 몰래 들어가는" 데에는 이와 같은 접경 지역의 특성이 영향을 끼치고 있는 것이다. 이와 같은 어려움은 개선의 여지가 적은 만큼 이후 시기에도 계속해서 반복되고 있는데, 중종 9년(1514) 10월 13일 변방 방비 대책을 논하는 자리에서 나온 "강물이 얼어붙은 때는 육지를 보행하듯이 편리하므로 무지한 변방의 백성들이 날마다 도망해 들어가며, 이미 관문과 요새를 설치하지 않았기 때문에 쉽사리 적인敵人의 모욕을 받게 됩니다."라는 공조 참판 유미柳湄의 언급과, "변방의 백성은 오래 군문軍門에 있으면서 국경을 방비하고 몸소 정탐하는 노고와 좌경左更하고 검문하는 고생은 그 노고가 다른 사람보다 배나 됩니다. 이미 본진의 부역을 치르고도 또 거진巨鎭의 부역까지 당하니 힘이 능히 견디지 못하여 도망가서 흩어진 사람이 많습니다."라는 평안도 절도사 황형黃衡의 언급은 변민의 생활고, 조·명 간 경계의 허술함, 국경 방어시설의 미비함을 증언하고 있다.[9]

그림 2
《여지도輿地圖》, 의주북경사행로 부분, 서울대학교 규장각한국학연구원 소장

 이처럼 불분명한 경계를 넘나들기는 중국인들에게 있어서도 그리 어려운 일이 아니었던 것으로 보인다. 압록강 이북에 사는 중국인들이 조선 측의 진휼賑恤을 바라며 월경하는 사례도 실록 기사를 통해 확인되기 때문이다.

 정부·육조·비변사의 당상이 회의하여 아뢰었다. "군량을 많이 갖추어 중국 사람을 구제하여 살리려 하시니 성상께서 일시동인一視同仁하시는 뜻이 지극합니다. 신들이 따르고자 하나, 다만 일을 일으킬 때에는 처음에 신중히 생각하지 않아서는 안 됩니다. 굶주려서 먹여 주기를 기다리는 사람들이 우리나라에서 진구賑救한다는 말을 들으면 동팔참의 일로一路 뿐만 아니라 요동·광녕廣寧 사람까지도 다 우리나라에 모여들 것입니다. 그렇게 되면 중국 백성을 사사로이 진구하는 것이 의리에 있어서 미안할 뿐만 아니라, 서방의 흉년이 근년에 더욱 심하여 우리나라의 굶주리는 백성도 두루 구제하기 어려운데 어느 겨를에 남에게 미치겠습니까. 신들의 생각으로는 시작하기 어려운 일인 듯합니다. 그러니 우리나라 지경에 들어오려는 중국 사람이 있거든 의주에서 편의한 대로 막아서 강을 넘어오지 못하게 하는 것이 마땅하겠습니다."[10]

흉년으로 인해 북변 지역의 생활환경이 악화된 상황 속에서 조선 조정이 굶주리는 백성을 돕는다는 소식에 자극된 중국 백성들이 가까이는 동팔참, 멀게는 심양 이서 지역인 광녕廣寧[11]에서부터 살길을 찾아 조선의 경내로 몰려들자 이에 대한 대책 수립이 시급하게 되었던 것이다. 뿐만 아니라 중국 변방의 위태로운 상황 또한 이와 같은 상황을 악화시켰던 것으로 보인다. 명종 13년(1558) 5월 24일 평안도 관찰사 정응두丁應斗가 올린 장계狀啓를 살펴보자.

> 평안도 관찰사 정응두가 장계하였다. "의주의 첩정牒呈에 '중국 사람들이 그 가족과 가축을 데리고 수레와 마소에 짐을 싣고서 압록강 서쪽의 어적도於赤島 등에 와서 머무르는 것이 잇달아 끊이지 않으므로, 가서 그 까닭을 물었더니, 달적㺚賊에게 쫓겨서 환란을 피하여 여기에 왔다고 하기에 그 말을 비록 믿을 수는 없으나 달자의 성식聲息만은 헛말이 아닐 것이므로 각 진보鎭堡를 시켜 군사를 정제하여 사변에 대비하게 하고 주州에도 군마를 정제하여 각각 요긴한 곳에 군사를 더 보내어 지킨다.'하였습니다. 사은사가 지금 아직 강을 넘지 않았는데 요동의 일로一路는 방비가 해이하므로, 어쩔 수 없이 전례에 따라 경내의 각진에서 정병을 뽑아내어 특별히 호송해야 하겠습니다. 그리고 환란을 피하려는 중국 사람들이 의주로 들어오는 것을 막기 어려운 형세인데, 굶주려 괴로움이 극에 달하면 마구 들어와 침탈할 우려가 없지 않으므로, 본주本州를 시켜 편의에 따라 선처하여 변고를 일으키지 못하게 하였습니다."[12]

통상 '달적撻賊'이라고 일컬어지는 중국 서북방의 몽골 부족, 소위 '북로北虜'의 침탈로 인해 중국인이 조선 경내로 피난하는 까닭에 북변 지역 관원과 백성들이 높은 위기감을 느끼고 있었던 것이다. 이즈음보다 약 15년 정도 지난 시기인 1574년 성절사聖節使로 북경을 왕래하였던 허봉許篈의 사행일기『조천기朝天記』에는 요동 일대를 휘저었던 북로의 참상이 수시로 언급되어 있어 당시 이 일대를 둘러싼 위기의 심각성을 짐작해 볼 수 있다.

> 아침에 내원포來遠浦, 조구포潮溝浦, 평구포平句浦와 화소교火燒橋를 거쳐 제승포制勝鋪에 이르렀다. 이 포는 옛적에는 번화했던 곳인데 가정嘉靖 36년 정사년(1557, 명종 12)에 달자韃子[撻賊]에게 함락당하여 지금은 단지 인가 서너 채가 있을 뿐이었다. (중략) 동악묘東岳廟에 이르자 사람들이 말하기를, "6, 7년 전에 달자가 분탕焚蕩하고 가 버렸으니, 병화의 뒤에는 다만 부서진 집들만 우뚝 서 있을 뿐이며, 이미 설치되었던 상像들도 헐리고 부서져서 쑥대만 널리 자라고 있는지라, 옛 나라의 '남은 빈터만이 있다.'라고 한 생각에 매우 슬픕니다." 하였다.[13]

이처럼 조선과 명나라가 경계를 맞대고 있었던 북변 접경 지역 및 요동 일대는 다양한 요인들로 인해 정세가 불안정하였으며, 양국의 백성들은 필요한 경우 손쉽게 경계를 넘나들 수 있었던 것이다.

이처럼 조선 전기 내내 지속적으로 발생하였던 월경 문제는 명·청의 교체로 인해 동아시아의 정세가 요동치던 17세기 이후에도 그대로 이어졌다. 명을 대신하여 동아시아의 헤게모니를 장악한 청이 내부의 위기 상황을 정리하고 새로운 천하 질서를 수립해 나아가는 가운데, 조·청 양국 사이의 주요 외교 현안으로 범월 문제가 급부상했기 때문이다. 〈표 1〉은 1712년 백두산정계비가 건립되기 이전에 발생한 조선인의 범월 사례를 발췌하여 정리한 것이다.[14]

〈표 1〉 백두산정계비 건립 이전 조선인 범월 사례

연도	내역	출전
1639	수렵하기 위하여 월경한 훈융訓戎과 경원慶源 사람 12명이 송환됨.	『동문휘고』 별편 권3, 범월
1642	채삼採蔘 범월인 45명을 처벌.	위와 같음
1646	수렵을 위하여 영고탑에 들어가 중국인의 집에 있던 남 2인과 여 1인을 체포하여 3년 후 귀환함.	『동문휘고』 원편 권49, 범월 1
1648	수렵을 위하여 영고탑에 간 23명 중 22명을 체포하여 송환함.	위와 같음
1652	채삼하기 위하여 월경한 10명을 청이 체포하여 조사함.	위와 같음

연도	내역	출전
1653	월경하여 채삼한 유춘립劉春立 등 23명에 대하여 조선은 그 일부는 교형絞刑에 처하고 일부는 죄를 가볍게 덜어줌.	위와 같음
1654	90명이 도강하여 벌목하였음.	위와 같음
1661	의주인 1명이 청에 투항하였다가 송환됨	『동문휘고』 원편 권50, 범월 2
1686	함경도 삼수군三水郡 사람 31명이 월경 채삼하다가 일부는 청 측의 화살에 맞아 죽고, 남은 사람 27명이 환송되었는데 조선이 이들을 처벌하고 그것을 청에 알림.	『동문휘고』 원편 권51, 범월 3
1690	함경도민 10여 명이 후춘厚春에 잠입하여 청인을 총으로 쏘아 죽이고, 그들이 캔 인삼을 빼앗음.	『숙종실록』 16년 9월 11일
1694	함경도 부령富寧, 종성鍾城 백성이 범월하여 채삼함.	『숙종실록』 20년 12월 1일
1696	삼금蔘禁을 범한 사람 임귀립林貴立, 방차숙方次叔을 효시梟示하고 경원부사慶源府使 신익염申益恬, 경흥부사慶興府使 이홍조李弘肇를 나문拿問함.	『숙종실록』 22년 7월 17일
1699	흉년으로 월경하여 먹거리를 구하던 남녀 3인이 영고탑에서 송환됨.	『동문휘고』 원편 권52, 범월 4
1704	경원, 경흥, 종성 사람 등이 청나라의 국경을 넘어가 4명을 살해하고 인삼을 훔쳤음.	『숙종실록』 30년 7월 20일

〈표 1〉은 백두산정계비 건립 전 조선인들이 범월하였다가 청나라 관원에게 발각되어 송환된 사례를 정리한 것이다. 물론 이는 일부 사례에 불과한 것으로 조선인들의 범월은 실제로 그 수가 훨씬 많았을 것이다. 이러한 정황을 통해 고려 말 이래 서북 변경에 거주하는 조선의 변민들이 금령을 어기고 국경을 넘나드는 행위가 청조의 입

관을 전후한 시기에도 여전히 빈발하였음을 알 수 있다. 위 표에 정리된 사례 중 1653년 발생한 범월 사건에 대한 청나라 형부刑部의 자문咨文을 통해 그 자세한 정황과 여파를 확인해 보도록 하겠다.

외국의 백성이 멋대로 대국의 경계를 넘어올 수 없다는 것은, 그 규정을 정한 지 이미 오래되었습니다. 조선의 백성 류춘립과 강파회 등 23명은 규정을 어기고 불법을 저질러, 번번이 대국의 경내로 들어와 삼을 캤으니, 그 죄는 이보다 더 클 수 없습니다. 류춘립과 고현남, 강파회, 그리고 보낸 하천양은 모두 주모자로, 마땅히 함께 참해야 합니다. 류춘립과 함께 간 류춘남 등 8명, 그리고 강파회, 고현남과 함께 간 범인들, 이 19명은 모두 함께 모의하여 고의로 금령을 어기고 불법을 저질렀으니, 모두 교형에 처하여 봐주어서는 안 됩니다. 대파아보大坡兒堡의 권관權管인 윤이현尹以顯은 그 병방兵房 최월계崔月戒가 일찍이 배에 할봉割封한 흔적이 있다고 고하였으나, 윤이현은 함께 모의하여 금령을 어기고 배를 내주어 강을 건너는 것을 도와줬습니다. 이사립李士立도 또한 윤이현이 미리 알고 있었다고 말했습니다. 설사 함께 모의한 것은 아니라 할지라도, 최월계가 와서 고했을 때 어찌하여 조사하지 않고 금령을 어겨 배를 내주었단 말입니까. 상황을 알면서도 범인들이 강을 건너는 것을 도와주었으니, 마땅히 교형에 처할 사안입니다. 도훈도都訓導 이사립은 배를 관리하는 책임자임에도, 어찌하여 함께 모의하여 배를 내주어 강 건너는 것을 도왔단 말입니까. 역시 마땅히 참해야 합니다. 최월계는 배가 할봉된 것을 먼저 고하였으니 마땅히 죄를 면해주어야 합니다. 벽동군수碧潼郡守 박배원朴培元은 금령을 엄히 하지 못하여, 류춘립 등이 도강하여 불법을 저지르기에 이르게 하였습니다. 비록 당시에는 그가 임지에 없었고 돌아와서 범인들을 일찍이 조사하여 체포한 적이 있긴 하지만, 그러나 체포한 자들은 배를 관리하는 사람들일 뿐이며, 월경한 범인들은 아직도 잡지 못했습니다. 만약에 미리 엄히 명령하였다면, 류춘립 등이 어찌 불법을 저지를 수 있었겠습니까. 설사 엄히 금할 수 없었다 하더라도, 또한 범인을 체포하지 못했으니, 마땅히 관직을 박탈하여 민民으로 삼아야 합니다. 관찰사觀察使 오정일吳挺一과 절도사節度使 정익鄭榏은 그 주재하는 곳이 비록 벽동군에서는 매우 멀리 떨어져 있지만, 또한 역시 그 관할 경계에 속하는데, 어찌하여 평소에 엄히 명령하지 않아 각 범인들이 불법을 저지르기에 이르게 하였단 말입니까. 소홀했다는 책임을 피하기 어려우니, 마땅히 1급을 강등시키고 벌봉罰俸 1년에 처해야 합니다."[15]

앞서 제시한 〈표 1〉과 위의 인용문을 통해 조선인의 범월은 주로 삼을 캐기 위한 것이었으며, 이외의 사유로는 수렵, 식량조달, 벌목 등이 있었음을 알 수 있다. 당시 범월인을 조사하는 일로 임금을 알현한 형조판서 이사명李師命의 "삼의 채집을 금하기 위해서는 엄하게 단속하지 않을 수 없으나 이 길이 끊어지고 나면 미천한 백성들은 살아갈 도리가 또한 어렵다."[16]라는 언급은 변민들이 국경을 넘도록 추동하였던 생활의 어려움을 시사한다. 변민들은 각자의 삶을 지키기 위해 모험을 감행하였을 것이나 그 파장은 개인이 감당할 만한 수준이 아니었다. 범월의 주도자인 류춘립과 강파회 등에 대해 교형이 논해졌음은 물론, 해당 지역 관리 책임자인 도훈도 이사립, 벽동군수 박배원, 평안 감사 오정일, 절도사 정익까지 삭직削職, 강등降等과 벌봉 등 처벌이 논의되었던 것이다. 물론 이후 주동자 일부에게만 교형이 집행된 외에 대부분의 관련자에게는 관면한 처벌이 이루어진 것으로 확인되지만,[17] 범월에 대한 책임을 진 관원이 실제 사형에 처해진 사례도 찾을 수 있다. 인조 13년(1635)의 범월 사건 처리 결과를 살펴보자.

위원渭原에 속한 추구비楸仇非·벽단碧團 두 보堡의 사람들이 강을 건너가 삼을 캐다가 붙잡힌 자가 36인이었는데, 금인金人이 여러 번 글을 보내 이를 문책하였다. 이에 그 군수 허상許詳, 첨사 이현기李顯基, 만호 김진金進 등을 가두었는데, 상이 이 세 사람을 죽여서 후일의 징계로 삼으려 하였다. 판의금判義禁 최명길崔鳴吉이 상소하기를, "국가에서 단죄하는 법률이 하나뿐이 아니지만, 국경을 넘어간 죄를 범한 경우에 이르러서는 죄를 범한 사람만 처벌하고 관리에게는 처벌하지 않은 지 그 유래가 오래되었습니다. 이제 강변에서 삼을 캐는 사목은 허상의 무리로 인하여 처음 만든 것이고 보면 이들이 죄를 범한 것은 이 명이 있기 이전의 일입니다. 죄를 범하기 이전에는 법이 가벼웠다가 죄를 범한 뒤에 법이 무거워진다면, 사람들로 하여금 장차 무엇을 두려워하여 피할 바를 알게 할 수가 있겠습니까. 신의 어리석은 뜻으로는 먼저 제정한 사목의 내용을 양계에 반포하여 모든 사람들이 뚜렷이 국법이 이와 같다는 것을 알게 하고 나서 '나의 명령에 따르지 않는 자가 있을 경우 법을 살펴 처리한다.'라고 하면, 살리기를 좋아하는 인仁이나 법을 지키는 의義의 도리를 모두 다 할 수 있을 것입니다." 하니, 상이 싫어

하는 안색으로 승정원에 하교하기를, "이는 신하로서 사람에게 위엄을 휘두르고 복을 주는 일에 가까우므로 그 조짐이 좋지 않다." 하고, 드디어 명길을 판의금에서 체직하도록 명하였다. 뒤에 허상 등이 모두 죽임을 당하였다.[18]

조·청 양국 간의 범월 문제가 이처럼 심각하게 받아들여졌던 데에는 만주 지역에 대한 청나라의 각별한 관심이 배경으로 작용하였다. 애초 청나라는 1644년 입관 이후 전란으로 피폐해진 만주 지역의 회복을 위해 이 지역에 대한 일시적인 개방정책을 실시한 바 있었다.[19] 그러나 이 지역으로의 한인漢人의 대량 유입은 토지점유를 둘러싼 민족 간의 갈등을 유발하였으며 청나라는 1668년에 이르러 만주 지역에 대한 개방정책을 봉금정책封禁政策으로 대체하기에 이르렀다. 특히 강희제康熙帝는 장백산 일대를 청나라의 발상지로 여겨 장백산과 압록강, 도문강 이북의 1천여 리에 달하는 지역을 '용흥지지龍興之地'로 규정하였으며, 이어 봉금지역 내에 성경위장盛京圍場, 길림위장吉林圍場, 남황위장南荒圍場 등 관설 수렵장[圍場]을 설치하고 민인의 거주와 개관, 채삼, 벌목 등을 일체 금하였다.

이처럼 만주 지역에 대한 금령이 엄격히 시행되기 이전에도 1605년 조선은 여진 부족과 양측 변민의 불법 월경 및 삼 채취 등에 관하여 약정한 바 있으며, 정묘호란 이후에도 수차에 거쳐 조선인들의 범월 단속을 요구하였다. 특히 1652년에는 조선 국왕에게 국서를 보내어 범월은 영토와 관련된 큰 사안이므로 범월이 발생할 경우 범인은 물론 해당 지역의 관원까지 처벌할 것을 강요하기에 이르렀다. 그러므로 조·청 양국 간의 범월 문제는 단순히 상대국의 자원에 대한 침범의 문제가 아니라 영토 차원의 문제로 인식되고 있었던 것이다.

실제 청 강희 연간(1661~1722)에 접어들며 월경자에 대한 처리가 강화되어 조선인의 범월 행위에 대한 조사를 청의 칙사勅使가 직접 지휘하고 처벌을 요구하는 사례가 빈번히 발생함으로써 이 시기의 두드러진 외교 현안으로 부상한 바 있다.[20] 아래에 인용한 사료는 범월로 인한 분쟁의 한 사례를 담고 있어 주목된다.

> 황제가 조선 국왕 성 모에게 칙유勅諭한다. 금령禁令을 어겨 국경을 넘는 것에 대한 정해진 예例는 매우 명확하다. 그동안 너희 나라 사람들이 금령을 어기고 불법적으로 물건을 산 것, 그리고 나무를 베고 인삼을 캔 것 등의 일에 대해서는, 일찍이 칙을 내려, 특별히 대신을 파견하여 가서 조사하게 한 바 있으니, 응당 철저히 과거의 잘못을 고치고 더욱

충경을 다했어야 한다. 지금, 너희 나라의 박시웅朴時雄과 장이립張以立, 노도소奴道所가 금령을 어기고 강을 건너 목피木皮를 몰래 취하다가 영고탑 장군寧古塔 將軍이 파견하여 수색시킨 좌령佐領에 의해 붙잡혔는데, 이는 모두 조선의 지방관이 평소에 단속 임무를 게을리하고 방치하였기 때문이다. 법기法紀를 위반하였으니, 그 죄는 피하기 어렵다. 지금, 특별히 내각학사內閣學士 겸 예부시랑禮部侍郞 희복希福과 일등시위一等侍衛 장니대달이새壯尼大達爾賽를 너희 나라로 파견하여, 금령을 어기고 강을 건넌 사람과 지방관이 종용한 정폐情弊를, 왕과 함께 상세하고 정확하게 철저히 조사하여, 죄목을 결정하고 상주하게 할 것이다.[21]

1680년(숙종 6) 4월 함경도 온성穩城 유원진柔遠鎭의 백성인 장이립, 박시웅 등이 두만강을 넘어 청나라 강역에서 나무를 하다가 청 관리에게 적발된 사건이 발생하였다. 조선에서는 청에서 파견한 칙사와 함께 범월인 및 관할 감독관들을 조사하여 그 결과를 청에 알리고, 죄인들을 참형과 유배형 등 엄형에 처한다는 내용의 자문을 보내어 사건을 수습하려 하였다.

당시 이 사건에 대한 조사를 맡았던 청의 삼법사三法司에서는 그 이전에 발생한 범월 사건에 대하여 누차 관대한 조치를 내렸음에도 또다시 금령을 어기는 사건이 발생하였으므로 벌은罰銀 1만 냥을 물리는 것이 좋겠다는 내용의 보고서[題本]를 황제에게 올려 처벌을 요구하였다. 그러나 강희제가 벌은의 부과를 면제하고 범월 죄인의 사형을 경감하는 등 처벌 수위를 강등하라는 지시를 내림으로써 이 사건은 큰 갈등 없이 마무리되는 듯했다.

그러나 이 범월 사건은 양국 사이의 긴장을 고조시키는 또 다른 빌미를 제공하기에 이르렀다. 청 예부에서 위 사건의 수습을 위해 조선이 보내온 문서가 청이 정한 바 격식에 맞지 않는다며 이른바 문서위식文書違式 문제를 제기하고 나섰기 때문이다. 아래의 인용문은 이러한 분쟁의 경과를 담고 있는 기록의 일부이다.

> 조선 국왕이 보내온 사은표문謝恩表文 내에 지旨를 서술한 것을 조사해 보니, "조선 국왕의 벌은 1만 냥을 감한다."라고 되어 있어 원래 받든 지와 매우 맞지 않습니다. 지를 잘못 서술한 이유에 대해 조선 국왕에게 명령을 내려 명백히 답을 하도록 하고 그때 조사하여 논의하도록 해야 합니다. (중략) 앞선 소疏에서 지를 서술할 때 잘못한 것은 비록 강희 20년 2월 24일 사면령 전에 있어 용서할 수 있지만, 지

금 회답 주문 속에서 "이순李焞에 대해서는 관대히 처리해서 처벌을 면한다."라는 지를 서술할 때 성명을 적지 않고 "조선 국왕에 대해서는 관대히 처리해서 처벌을 면한다."라고 서술하였으니, 매우 마땅하지 않습니다. 응당 조선 국왕 이순에 대해 벌은 5천 냥에 처해야 합니다. (중략) 이순은 벌은 5천 냥에 처하라.[22]

상기하였듯 박시웅 등 조선 변민들의 범월 행위에 대한 강희제의 관대한 처분이 내려지자, 이에 사은하기 위한 조선 국왕의 표문이 강희 21년(1682) 10월경에 접수되었던 것으로 보인다. 그러나 인용문에 보이는 것과 같이, 그 내용 중에 '이순에 대해서는 관대히 처리해서 처벌을 면한다李焞着從寬免罰.'라는 강희제의 지를 인용하면서 '조선 국왕에 대한 벌은을 면제한다朝鮮國王着從寬免罰.'라고 기술함으로써 숙종의 휘를 적지 않았던 것이 황제의 원지를 왜곡한 사안으로 몰려 물의가 빚어지게 되었던 것이다. 국왕의 본명 표기에 대한 지적은 곧 종번宗藩 간의 상하 관계를 분명히 해야 한다는 인식의 표명이라 하겠다.

이에 청 예부에서는 조선의 주문에 국왕의 성명을 적지 않고 '조선 국왕'으로만 명기한 점이 위식違式이며, 이는 매우 온당치 않은 잘못이므로 조선 국왕에게 벌은 5천 냥을 부과하여야 한다는 제본을 강희제에게 올렸다. 조선 변민의 범월 행위와 관련한 분쟁이 발생했을 때에는 관대한 조치를 취하였던 강희제였지만, 이 사안에 대해서만큼은 강경한 자세를 보여 예부의 의견에 따라 조선 숙종에게 벌은 5천 냥을 부과하도록 하였다. 조선은 사은사 김석주金錫冑 편에 벌은 5,000냥을 운반하여 완납하였다.[23]

한편, 1685년 9월경, 함경도 삼수군三水郡 별해진別害鎭의 주민 한득완韓得完을 비롯한 함경도와 평안도 출신 조선인 27명이 압록강 삼도구三道溝 부근으로 넘어가 산삼을 채취하던 중, 청나라 관리들에게 조총을 발사하여 사상자가 발생하는 사건이 일어났다. 이 사건은 조선과 청나라 양국 간에 큰 물의를 일으켰으며, 그 처리 과정을 면밀히 검토해 볼 필요가 있다.

> A. 압록강 삼도구에서 지도를 그리던 주방협령駐防協領 늑초勒楚 등이 조선국 사람이 쏜 총을 맞아서 부상을 입었습니다. 그 조선국의 총을 쏜 범인은 만약 신 등이 현지에 도착할 날을 기다려 체포하려 한다면 사건의 처리가 반드시 지연될 것입니다. 마땅히 먼저 문서를 보내 조선 국왕에게 알려, 범인을 모두 엄히 체포하여 신 등을

기다리게 해야 하겠습니다.[24]

B. 황제가 조선국왕에게 칙유한다. (중략) 이번에 주방협령 늑초 등이 명에 따라 경계 안에 가서 지도와 산천을 그리러 갔는데, 네 나라 사람이 몰래 험악한 지형에 숨었다가 갑자기 조총을 쏴서 관리에게 부상을 입히기에 이르렀으니 법과 기강을 크게 범한 것이다. 너는 평일에 엄히 금령을 내리지 않았으니, 삼가 직분을 수행했다고 할 수 있겠느냐? 이에 특별히 호군통령護軍統領 동보佟保와 내각학사內閣學士 겸 예부시랑禮部侍郎 단대丹代를 파견하여 보내어, 너와 함께 불법을 저지른 사람들과 지방관이 소홀이 놓아준 죄상을 엄히 살피고 끝까지 심문하여, 자세하고 명확하게 처벌할 것을 결정하여 상주하게 하였다.[25]

인용문 A에서 볼 수 있듯 이번 사건은 앞선 범월 사건보다 죄과가 더 중했던 만큼 청나라는 사건 조사를 위한 사신[査問使]을 파견하였고, 인용문 B에서는 청나라 황제가 칙사로 하여금 조선 국왕을 직접 심문하도록 하려는 의도까지 보였음을 읽을 수 있다.[26] 조선

입장에서 청나라의 칙사가 국왕을 직접 심문하러 오는 것은 매우 우려스러운 일이었다. 이에 조정에서는 혹시 모를 상황에 대비하여 숙종이 병환으로 조섭 중임을 핑계 삼아 칙사를 맞이하는 의례[교영례郊迎禮]를 시행하지 않았고,[27] 국왕이 궁궐에서 칙사를 만날 때에도 병이 심한 듯 보이기 위해 침구를 곁에 두고 응대하였다. 이는 칙사의 무례한 언동을 사전에 방지하려는 궁여지책이었지만, 숙종의 위신에는 도움이 되지 않는 모습이었다. 더구나 당시 건물 내부가 어두워 물체를 분별하기 어려웠는데, 청나라 사신들은 이를 칙서를 제대로 검토하지 않으려는 의도로 의심해 통역관을 힐책하며 소란을 일으키기도 했다.[28]

결국 조사는 마무리되었다. 범월 사건의 주동자인 한득완 등 6명은 참형에 처해졌고, 나머지 19명은 유배를 가게 되었으며, 삼수 군수 등 책임을 진 관원 여럿도 강등되거나 유배에 처해졌다. 또한 청나라는 숙종에게 이 사건의 궁극적 책임을 물어 벌금 2만 냥을 부과하였는데,[29] 이는 조선이 청나라에 납부한 벌금 중 가장 큰 액수였다.[30] 숙종은 이때 청 사신과 백관들 앞에서 직접 사죄문을 읽는 치욕을 겪어야 했으며, 그 자리에 있었던 사관은 참담한 심정을 아래와 같이 기록으로 남겼다.

사신은 말한다. 오랑캐가 주상을 질책한 것이 비록 처음에 염려하였던 정도는 아니었지마는 부끄럽고 치욕스러움은 또한 얕지 않았으니, 이러한 때를 당하여 진실로 사람의 마음이 있다면 누군들 팔을 걷어붙이면서 분통해하지 않겠느냐만, 어찌 그들의 하는 것이 조금 순한 것을 겨우 보고서는 대소 관원들이 서로 경하하기에 겨를이 없어 칙사가 발꿈치도 미처 돌리기 전에 문득 그들에게 당한 부끄러움을 잊고 상하가 나태해지는가. 일찍이 와신상담할 계획을 생각하지 아니하였으므로 한없는 곤욕을 영구히 받게 되었으니 우리나라의 일은 진실로 한심하다.[31]

사관이 통렬한 필치로 묘사하였던 이날의 풍경은 치욕 그 자체였던 것 같다. 그런데 이 범월 사건으로 인한 치욕은 여기에서 끝나지 않았다. 이와 관련한 뜻밖의 사건으로 인해 '병자년 이후로 없었던 모욕을 조선의 군신에게 입힌 사건'으로 그 파장이 더욱 확대되었던 것이다.

조선 내에서 한창 범월에 대한 조사가 진행 중이던 즈음 진주사陳奏使로서 북경으로 향하던 우의정 정재숭鄭載嵩, 예조판서 최석정崔錫鼎 등이 조선 국왕의 죄를 사면해 줄 것을 요청하는 정문呈文을 청 예부에 올린 것이 그만 강희제의 큰 노여움을 사게 되었던 것이다.[32] 강희제는 '번국藩國의 일개 신하'가 국왕에게 먼저 아뢰지도 않은 채 임의로 정문을 올린 점에 절차상의 문제가 있다는 예부의 보고를 받아 본 후, 그럼에도 선례대로 조선 사신 등을 접대할 것으로 아뢴 예부시랑 오합敖哈을 그 자리에서 혁파하여 내치는 등 매우 예민하게 반응하였다.[33] 이와 관련하여 당시 청 예부에서 강희제에게 올린 보고 가운데 조선 군신의 잘못을 조목조목 열거하며 처벌을 촉구하는 내용의 일부를 살펴보도록 하겠다.

그러나 돌아보건대 그 임금은 어리석고 그 신하는 방자하여, 건방지고 교만하며 게으름이 버릇이 되어 풍속을 이루어, 예의를 버리고 은혜를 잊는 일이 한 번이 아니었습니다. 신 등이 매번 듣건대, 사신이 그곳에 이르면 과거에 정한 의주儀注를 준수하지 않아, 그 국왕이 혹 영접 나와 알현하지 않거나, 혹 거만하게도 영접을 하지 않으니, 천위지척天威咫尺의 의리는 도대체 무엇을 가리키는 것입니까? 과거 조선 국왕의 신하가 북경에 와서 금령을 어기고 야사野史를 몰래 구입하여, 계해년癸亥年에 그 나라에 있었던 폐위廢立의 전말을 삭제해 달라고 함부로 요청하였으며, 상으로 잔치를 내렸을 때 그 미친 소리를 멋대로 하였습니다. (중략) 바야흐로 우리 국가에서 소추小醜가 아직 진압되지 않아 군사를 일으켜 정벌할 때에, 다시 허풍스런 말을 떠들어서 우리의 허실을 엿보았으니, 그 마음은 오히려 따져 물어야 하지 않겠습니까? (중략) 황상께서 처음에 대신을 파견하여 함께 금령을 어긴 간사한 백성을 엄히 신문하고 무겁게 처벌하고 국왕의 죄도 함께 따지도록 하셨습니다. 그러나 소민이 법을 어긴 것을 그 군주는 아마 몰랐을 것임을 고려하여, 겨우 단속이 엄중하지 못했다고 하면서 벌금을 부과하고 경고를 하였을 뿐입니다. 그런데도 정재숭 등은 외람되게도 비천한 신하 주제에 문득 망령되게 그 군주를 위하여 용서를 구한다면서 멋대로 예부에 정문을 올렸으니, 무례함이 이미 심하다 하겠습니다. 신 등이 자세히 읽어보니, 그 언사는 무지하고 허망하며, 글은 거칠고 경서의 뜻에도 어긋났습니다. 헛되이 그 개구리 울음소리를 뽐내어 국인에게 건방지게 말하고자 하여, 스스로 그 비루함이 이처럼 극단에 이루었음을 알지 못하고 있습니다.[34]

예부의 비판은 우선 숙종을 향하고 있는데, 번왕藩王으로서 지켜야 할 예의를 준수하지 않음으로써 '지척에 있는 황제의 위광天威咫尺을 외면하였다.'라며 예의를 저버린 그 잘못을 통박하고 있다. '황제의 은혜'를 알고, '번왕의 분수'를 지키라는 것이다. 날카로운 비판의 시선은 몇 해 전 인조반정 기록의 수정을 위해 변무사辨誣使를 파견하였다가 물의를 일으켰던 사안을 다시 꺼내어 곱씹는 데에 머물렀다가 다시 청 내부의 반란이 한창 진행 중이던 시기 조선이 청의 동향을 염탐했던 사실을 들추어내어 그 무례함을 힐책하는 데에까지 이르고 있다. 이어 정재숭 등에게 시선을 옮겨, 제후국의 신하로서 임의로 정문을 올린 무례함은 물론이거니와, 경서를 알지도 못하면서 『상서』, 『춘추』 등의 문구를 억지로 끌어다 정문을 작성하였다며 그 무지와 허망함을 축자적으로 꾸짖는 데에까지 이르고 있음이 보인다.

청 예부의 질책은 이 같은 잘못이 발생한 것은 모두 "그 나라가 임금은 약하고 신하는 강한 데서 비롯된 것으로, 이미 하루의 일이 아닙니다. 만약 우리 왕조가 여러 차례 지켜주지 않았더라면, 몇 번이나 찬탈이 있었을지 모르겠습니다."라고 하여 숙종 즉위 초반 제기되었던 '임금은 약하고 신하들이 강하다主弱臣强'라는 신강설을 언급하며 숙종을 정면으로 모독하는 언사로 끝을 맺고 있다.[35]

이 사건이 청나라에 대한 문화적인 우위를 자부하고 있었던 조선의 군신들에게 큰 충격을 주었음은 물론이다. "극히 패만한 말투의 그 꾸지람은 실로 병자년 이후로 아직 없었던 모욕이다其訴責絶悖之言, 實丙子以後所未有之辱也"라는 숙종의 반응이 그 충격의 정도를 시사하고 있다. 이어 영의정 김수흥金壽興 등 대신들은 "저 나라가 강하기는 해도 우리나라를 경시한 적은 없었는데, 중국으로 들어가고는 점점 교만해지다가, 오늘날에 이르러서는 멋대로 욕하는 것이 이와 같다."라거나, "정문을 물리친 것은 혹 그러할 수도 있지만 문자를 지적해 내어 조목조목 논죄한 것은 실로 뜻밖입니다."라고 하여 문화적인 충격을 토로하고 있다.[36]

하지만 이에 대한 감정적인 대응은 불가하였으니, 숙종은 곧바로 사은사를 기한에 앞당겨 보내 강희제의 노여움을 풀고, 비변사로 하여금 법식을 정하여 월경을 엄금하도록 조치를 지시하였을 뿐이다.

이처럼 조·청 양국 변민의 범월 행위는 채삼이나 벌목과 같이 개인 차원의 영리를 목적으로 행하여졌지만, 일단 범월이 적발되어 양국 간의 외교 현안으로 인지되는 순간부터 사안의 심각성과 그 여파는 가늠할 수 없는 지경까지 확장될 가능성을 내포하고 있었던 것이다.

관련하여 『대청회전사례大淸會典事例』의 조공朝貢 금령조禁令條에 대한 분석을 통해 강희-건륭 연간에 걸쳐 조선인의 범월에 대한 청의 입장을 분석한 연구가 주목된다.[37] 이 연구에서는 "강희 43년(1704) 조선인 범월 사건이 발생하면 청에서 대신을 파견할 필요 없이 조선 국왕이 직접 범인을 조사하고 처벌 방안을 의논하여 황제에게 상주하게 했다. 범월자는 처벌하고 해당 지방관은 혁직하고 발견發遣을 면해주었다. 조선 국왕은 범인을 직접 체포하고 사건의 처리를 보고했으므로 국왕의 죄 역시 용서되었다."라는 처벌 사례를 위시하여, 강희 51년(1712)에 조선인이 범월하여 살인과 약탈을 범한 사건에서 청조가 봉황성에 관원을 파견하여 조선국의 배신陪臣과 회동하여 범인을 심문하게 하였던 사실, 강희 54년(1715) 조선인 범월자를 "관문을 넘은 사례[越度關塞例]"에 따라 처벌하고 해당 지역을 순찰하는 청의 관병官兵도 조사하여 처벌하게 한 사실, 옹정 7년(1729)에 조선인 범월 사건과 관련하여 해당 지역 절도사를 혁직革職하겠다는 조선 국왕의 처분을 지나치다고 지적하고 사건의 정황에 따라 처벌의 경중을 헤아리라고 지시하였던 사실, 옹정 13년(1735) 조선인 범월인의 도삼에 대해서 주범 3인의 처벌 이외에 해당 지방관과 조선 국왕은 면죄하였던 사실 등 범월 사건 처리의 기준이 될 만한 전례前例를 규명하였다.

이러한 예를 통해 보았을 때, 양국 간의 관계가 점차 안정화되어 갔던 18세기 이후로는 조선인 범월자에 대한 처분 역시 대체로 관대한 기조를 유지하였지만, 범월 사건에 대한 보고와 처벌 절차를 밟는 과정 자체가 조선 국왕부터 해당 지역 말단 관원에 이르는 관련자 모두에게 매우 고달픈 과정이었을 것이다. 실제 앞서 소개한 '삼도구사건'의 처리를 위해 청의 칙사가 직접 지휘한 사건 조사 과정에서 해당 지역의 파수를 책임진 첨사僉使 조지원趙之瑗이 스스로 목숨을 끊어버렸던 사실은 그 괴로움의 정도를 짐작게 한다.[38]

여하간 〈표 2〉에서 보이는 바와 같이[39], 1712년에 백두산정계비가 건립되어 이전 시기에 비해 국경선이 명확하게 그어진 이후에도 19세기 후반까지 조·청 양국 간에 범월이 빈번히 발생하였으니 얼마나 많은 북변 사람들의 일상이 침해를 받게 되었을지 가늠하기 쉽지 않다.

〈표 2〉 백두산정계비 건립 이후 조선인 범월 사례

연도	내역	출전
1729	온성부穩城府 사람 신정룡申丁龍 등 7명이 몰래 월경하였다가 체포되다. 지방관도 혁직 처분을 받았으며, 1730년 신정룡 등은 강변에서 효시함.	『영조실록』 5년

연도	내역	출전
1732	박처빈朴處彬 등 5인이 강을 건너 청인과 통상하다가 의주 강변에서 주살당하고 범월하여 몰래 장사를 한 이영삼李永三은 효시함.	『통문관지』
1733	위원渭原 출신의 잠상潛商 김상만金尙萬, 배진만裵進萬 등을 효시함.	『통문관지』
1734	범월인 김세정金世丁 등 3인을 참하고, 김귀동金貴同 등 16명은 죽기를 면하고 노비로 삼았으며, 서원필徐云必 등 9인은 각 장 1백 대를 치고 고산첨사高山僉使와 강계부사江界府使는 유 2천 리에 처함.	『영조실록』 10년
1736	범월인 김세정金世丁 등 3인을 참하고, 김귀동金貴同 등 16명은 죽기를 면하고 노비로 삼았으며, 서원필徐云必 등 9인은 각 장 1백 대를 치고 고산첨사高山僉使와 강계부사江界府使는 유 2천 리에 처함.	『통문관지』
1739	온성, 종성 사람 십수 명이 청나라에 도망쳐 들어가 청나라 간민에 붙음.	『영조실록』 15년
1740	강계부江界府 사람 남녀 21명이 범월 채삼하다가 청인에게 체포됨.	『통문관지』
1750	유원진柔遠鎭의 사병士兵 김인술金仁述 등 7명이 월강하여 청인 5명을 때려죽였는데, 7인 중 주범, 종범의 차이는 있으나 국경을 건너 흉악한 짓을 한 죄로 전원이 사형을 당하고, 처자식을 노비로 삼고, 가산을 적몰하는 벌을 받음. 관찰사와 절도사는 혁직, 온성부사는 혁직하고 유 2천 리에 처함.	『영조실록』 26년
1756	영고탑 장군이 조선 월경인 한상림韓尙林, 이계신李桂新 등을 조선에서 시헌서時憲書를 받아 오는 원역員役 편에 돌려보냄. 같은 해에 종성부 백성 조백영趙自永 등 7인이 월강하여 청인 2인을 찔러 죽이고, 조자영 등 7인은 사형을 당하고, 처자식은 노비로 삼고, 가산을 적몰하는 벌을 받고, 지방관은 혁직하고 유 2천 리에 처함.	『동문휘고』 원편 권56, 범월 8
1761	함경도 삼수부三水府 사람 7인이 범월하여 잡히고 2년 후에는 범월 채삼한 23인이 잡혔음.	『동문휘고』 원편 권58, 범월 10

연도	내역	출전
1763	강계부 백성 박후찬朴厚贊 등 10인이 범월하여 수렵함.	『통문관지』
1805	최종대崔宗大 등 6인이 범월하여 두도황구頭道黃溝, 이도양차二道陽岔 등지에서 수렵하다가 법에 의해 처리됨.	『통문관지』
1817	길림 지방 범월인 서경일徐鏡一은 몰래 국경을 넘어 간 지 4년 만에 체포되어 강변에 효시되고 관찰사 이하 지방관은 혁직됨.	『통문관지』
1827	무산부茂山府 백성 연필원延必元 등 2명이 사슴을 사냥하다가 길을 잃고 국경을 넘어갔는데, 범월한 곳에서 효시를 하여 사람들을 경계시키고, 지방관을 혁직함.	『동문휘고』 원편속, 범월 1
1832	갑산부甲山府 백성 장고려張高麗가 금경禁境 지역으로 깊이 들어가 인삼을 캐고 사냥을 하다가 효시되고, 지방관을 혁직함.	『동문휘고』 원편속, 범월 1
1853	경원부慶源府 사람 이동길李東吉이 월경하여 혼춘琿春 지방에 18년간 있다가 가족과 함께 잡혀서 1871년에 송환되어 효시됨.	『동문휘고』 원편속, 범월 2
1854	삼수부 법월인 장첨길張添吉이 효시됨.	『통문관지』
1857	범월죄인 김익수金益壽를 종성부에 이송하여 효시함.	『철종실록』 8년
1860	박천博川 사람 명덕성明德成, 의주義州 사람 정윤화鄭允化 등이 범월하여 청의 군사를 때려죽였으므로 법률에 의해 주살하고, 관찰사와 병사는 혁직되었으며 부윤과 첨사는 정배됨.	『통문관지』
1866	경원 사람이 여러 번 국경을 넘어 도망하였으며 한 번에 15호戶, 남녀 75인이 월경한 일이 있음.	『동문휘고』 원편속, 범월 2
1871	청의 대규모 검색으로 함경도에서 월경하였던 범월자 총 511인이 송환됨.	『동문휘고』 원편속, 범월 2

그런데 한 가지 안타까운 사실은 이러한 고난이 비단 조선의 관원에게만 한정된 것이 아니었다는 것이다. 건륭 26년(1761) 12월 함경도 삼수부三水府 갈파진[加乙坡鎭]의 변민 김순정金順丁 등 7명이 범월한 사건이 발생하였을 때 조선 국왕 영조는 즉각 자문을 보내 범인을 추적하고 지방 관리를 조사하겠다고 약속하는 내용을 보고하였다.[40] 범월 사건 처리의 전례에 따라 필요한 조치를 성실히 취한 것이다. 그러나 조선 국왕의 자문이 예부를 통해 황제에게 보고될 때까지 해당 지역을 관할하는 청나라 장군들은 아무런 보고도 하지 않았다. 관련하여 『동문휘고』에 수록된 건륭 27년(1762) 9월 20일자 예부 자문을 살펴보자.

> 신 등이 삼가 과거의 전례를 살펴보니, 조선의 백성들이 월변越邊하는 사안이 있을 때에는, 때로는 관원을 보내 함께 조사한 후 제본題本을 올려 사안을 완결 짓기도 했고, 때로는 즉시 조선 국왕으로 하여금 분명히 조사하여 공술을 기록하고 죄를 정한 후 본부에 보고하여 상주하기도 했습니다. 지금 김순정 등이 금령을 어기고 월강越江하였는데, 이미 조선 국왕을 통해 모두 공술을 얻어냈지만, 그 몰래 넘어간 곳이 내지의 어느 곳인지는 결코 명확히 밝히지 못

했으니, 처벌을 결정하기가 어렵습니다. 마땅히 관원을 파견하여 함께 조사할지, 아니면 조선 국왕으로 하여금 스스로 철저히 신문하여 공술을 받아내고 수범과 종범을 구분하여 죄를 정한 후 본부에 보고하여 상주하게 할지에 대해서는, 공손히 유지를 기다려 삼가 따르도록 하겠습니다. 길림장군 및 각 담당 관원이 방비를 소홀히 하여 단속하지 못한 책임은, 마땅히 해당 장군에게 자문을 보내 확실히 조사하여 직명職名을 보내오게 한 뒤에 엄격히 처벌을 논의하도록 하겠습니다. 이외에, 조선의 재자관齎咨官에게 자세히 물은 연유를 별도로 협단夾單으로 작성하여 열람하실 수 있도록 공손히 올립니다.[41]

위 내용에서 확인되는 바와 같이, 청의 장군들은 조선인의 월경을 적발하는 데 실패하였음은 물론 관할 지역의 어느 위치에서 범월이 일어났는지도 제대로 파악하지 못하고 있었던 것이다. 건륭제는 이러한 점을 지적하며 해당 지역 방어의 책임자인 길림장군과 관할 관리들의 직명職名을 조사하여 엄중히 문책하라는 명을 내리고 있음이 보인다.[42] 실제 요동 지역에 거주하는 청인들에 대한 관리는 허술하였던 것으로 보인다. 영조 9년(1733) 평안도 강계江界의

위원군渭原郡에 청인들이 몰래 숨어들어와 살다 적발된 사건은 이와 같은 정황을 방증하는 사례이다.

평안 감사 권이진權以鎭이 강변江邊의 사정을 염탐廉探하여 그곳 토인土人의 이야기를 얻어내어 말하기를, "강계江界 고산리高山里 진영鎭營 건너편 저쪽 땅에 세동細洞·구랑합동九郎哈洞·고도수동古道水洞이란 세 동리가 있는데 세동은 이산理山 경계인 파저강婆猪江에 길이 통通하여 북쪽으로 심양瀋陽까지의 거리가 닷새 노정路程에 지나지 않으며, 호인胡人이 집 16, 7호戶를 짓고서 3, 4백 명이 상주常住하는데, 우리 나라 사람 3, 4명을 사역인使役人으로 두었고 그 주무자는 호족胡族인 산서인山西人 이등사李登四입니다. 위원군渭原郡 아래 파수진把守津 직동보直洞堡 사이에 추동秋洞이 있어 금년 초여름에 또한 집을 짓고 전토田土를 개간하였는데, 그 아래는 갈헌동恝軒洞이고 위는 파수진 건너편 야둔동也屯洞입니다. 또한 호인胡人의 집 14, 5호가 있는데 각종의 당화唐貨가 7칸 창공에 채워져 있으며 우리 나라와 통상通商하여 우리 나라의 물건으로 또 심양 등 여러 곳에 통상하고 있습니다. 주관하는 호인이 둘이 있는데 하나는 심양 사람 왕삼평

王三平이고, 하나는 당성唐姓 혹은 탕성湯姓이라고 일컫는데, 이 세 호인은 모두가 만금萬金을 가진 대상大商으로서 법을 범하여 사업에 실패하고 도망해 이곳에 와 있는 것입니다. 그리고 우리 나라에 왕래하며 통상하는 자는 모두가 우리 나라 사람으로 호지胡地로 도망쳐 가 있는 자인데, 그중에 아이진阿耳鎭의 관노官奴인 세필世必과 진졸鎭卒인 조영망趙永望이 가장 드러난 자입니다. 그 문서文書를 관장하는 자도 또한 우리 나라에서 도망한 사람으로서 스스로 김서방金書房이라고 일컫는데 용모나 행동이 망명亡命한 적賊 황진기黃鎭紀와 흡사합니다. 황진기는 일찍이 마마해馬馬海 권관權管이 되었기 때문에 토인土人이 대부분 그 얼굴을 안다고 하는데 이 말이 꼭 그러한지는 알 수 없으나 또한 그렇지 않은지를 어찌 알 수 있겠습니까? 또 그 각동各洞에 호인의 집은 이루 셀 수가 없었을 정도입니다. 그리고 벌등伐登 건너편에 황제성평皇帝城坪이 있는데 풀이 풍성한 큰 들판에 늘 호마胡馬 수천 필을 방목放牧해 오다가 금년에는 한 필도 없으니, 모두가 삼蔘을 캐는 사람들이 끌어 간 것입니다. 우리 나라의 간민奸民들이 날마다 왕래하는 데다 또 항상 호인의 막사幕舍에 머물러 양자養子로 칭탁稱托하면서 정의가 동기간同氣聞보다 더하며, 우리 경내境內를 왕래하여 밤낮 들고 남이 무상無常하니, 강변江邊의 백성들이 모두 저들의 사정을 알고 공공연히 전하여 말합니다. 그 조치할 방략方略은 신이 반드시 그곳에 직접 가서 일에 따라 계문啓聞하겠습니다. 그리고 그 소소한 촌락村落을 모아서 큰 촌락을 이루고 그 잔보殘堡를 모아 큰 관부官府를 이룬 뒤에야 바야흐로 일분이나마 유익함이 있을 것입니다."하고, 치계馳啓하여 알리니, 승정원에서 밀봉密封하여 들였다.[43]

심양 등지에서 조선 경내로 몰래 들어온 청나라 사람들이 북변의 경계를 넘나들며 각종 범법 행위를 일삼던 조선의 '간민奸民'들과 피붙이처럼 결탁하여 잠상潛商, 채굴採掘 등 불법을 자행하였다는 평안 감사의 보고는 마치 무법지대를 묘사하는 듯한 인상마저 풍긴다. 이처럼 드넓은 북변 접경 지역에는 국가의 행정력이 미치지 않는 공간이 산재하였고, 이를 단속하는 데에는 많은 어려움이 따랐을 것이다. 경계의 이편이나 저편이나 관원들의 일상은 고달프기 짝이 없었다.

손님맞이의 어려움

사신 접대의 폐단

조선시대 북변 지역의 관원과 백성들은 불법으로 경계를 넘나드는 이들뿐 아니라 공식적으로 양국을 오가는 사신들로 인해서도 많은 어려움을 겪었다. 조선과 중국의 사신들은 양국 간의 중요한 외교 현안 해결을 위해 빈번히 양국 사이를 오고 갔으며 이러한 행차에는 큰 비용이 들게 마련이었다. 특히 황제와 관련한 중요 변동 사항을 알리기 위해 조선을 방문한 중국 사신을 예우하기 위해 조선 측에서는 다양한 연회와 행사를 베풀고, 이들이 돌아갈 때에는 많은 선물을 들려 보냈다. 이와 같은 손님맞이 비용은 국고에 큰 부담을 주었고, 특히 사신단이 지나가는 평안도와 황해도의 주요 고을에서는 민력이 심각하게 소모되었다. 1480년(성종 11) 임금의 명으로 평안도·황해도의 민정을 시찰하고 온 우승지右承旨 채수蔡壽의 보고에는 이 지역의 어려움에 대한 우려가 묻어난다.

> 최근 사명使命을 받들고 평안도·황해도 두 도를 두루 돌아
> 보았는데, 거주하는 백성들이 얼마 되지 않았으며, 서정西征
> 한 뒤로 또 사신을 맞이하는 일로 도민들이 폐해弊害를 받는

것은 이루 헤아려 말할 수 없습니다. 그러니 마땅히 소생시켜 회복시킬 계책을 세우게 하소서. 그리고 또 듣건대, 건주위建州衛 야인野人들이 중국을 침범한다 하니, 만약 다시 우리나라에 군대를 요청한다면 도민들이 어떻게 안심하고 살겠습니까? 신은 서북의 지역이 공허하게 될까 두렵습니다.[44]

평안도 지역은 이즈음 '야인野人'이라고 불리는 여진 부족에 대한 정벌[西征]을 단행하는 과정에서 민력이 심각하게 소모된 상황이었다.[45] 여기에 더해 이와 관련한 명나라와의 협의를 위해 여러 차례 오고 간 사신을 접대하는 부담까지 가중되었던 까닭에 지역의 공동화가 우려될 정도의 어려움을 겪고 있었다. 이날 경연經筵 자리에서 나온 영사領事 이극배李克培의 "세종조世宗朝에서 백성들을 강계江界 등지에다 옮겼으나 토지가 메말라서 백성들이 생업을 영위할 수가 없었습니다."라는 발언은, 앞서 세종 연간에 이 지역에 대한 사민徙民 정책을 시행하였을 정도로 원체 지역의 사정이 어려웠던 사실을 시사한다. 척박한 자연환경과 더불어 이 지역이 처한 특수한 정치·외교 환경은 단시간의 노력으로 손쉽게 개선하기가 어려운 구조였던 것이다.

이러한 사실은 조선 후기 개혁가들의 이 지역에 대한 고민을 통해서도 확인할 수 있다. 우선 정약용丁若鏞은 『경세유표經世遺表』에서 "평안도 한 도가, 모든 전부田賦에 내는 것은 죄다 조사詔使를 수응酬應하는 데에 들어간다."라고 하여 사신을 접대하는 데 드는 비용 조달 체계를 보완해야 함을 주장한 바 있다.[46] 이보다 앞서 유형원柳馨遠은 사신 접대에 소요되는 비용의 구체적인 내용을 『반계수록磻溪隧錄』에 적시해 두어 당시의 어려움을 여실히 짐작할 수 있도록 한다. 그 내용의 일부를 살펴보자.

> 지금은 외국 사신에게만이 아니라 본국 사신의 행차 때에도 먼 고을에다 몇 명씩 할당하여 접대하게 하고 있는데 이것은 더욱 어린애 장난과 다름이 없으니 시급히 개혁해야 한다. 내가 일찍이 지평현砥平縣 사람들이 다른 고을로 가서 접대하는 일을 보았었는데 지평현에 할당한 것을 보면 장정이 호마다 1-2명이며 그 현에서 수렴하는 것은 소 한 마리, 노루 3-4마리, 닭 수백 마리, 꿩 60-70마리, 계란, 기름, 꿀, 각종 어물, 각종 채소, 소금, 장, 각종 과실, 각종 쌀과 가루, 각종 그릇, 심지어 돗자리, 빗자루, 냄비, 솥, 바가지, 조롱박 등 온갖 잡물들까지 그때 쓰고 안 쓰는 것도 불문하고 모두 굉장하게 준비해서 소와 말에 싣고 수백 리 밖으로 운

그림 3
《여지도輿地圖》, 평안도 부분,
서울대학교 규장각한국학연구원 소장

반한다. 그 외에도 종류가 대단히 번잡하다. 심지어 돼지 대가리, 실내 설비품, 대소 차일, 방석, 병풍 등은 본 고을에서 내온 것이라고 하나 그것을 운반하는 인부, 우마가 적지 않으며 관원, 이례, 노비, 우마 등의 양식과 비용이 헤아릴 수 없다. 그 물건들을 거둘 때에 온 경내를 채찍질하여 받아내므로 열 집이면 아홉 집은 통곡을 하게 된다.[47]

위 인용문에는, 국경에서 서울에 이르는 주요 도로변의 고을이 사신 접대 비용을 미처 감당하지 못하는 까닭에 그 책임을 여러 고을이 나눠지게 되면서 외국 사신 접대의 폐단이 주변의 작은 고을에까지 미치고 있는 상황에 대한 설명이 담겨있다. 이 구절의 바로 앞에는 "지금 중국으로 가는 사신에게는 정부에서 비용을 주지 않고 8도의 모든 고을에다 청구하므로 감사·수사·병사·수령들이 그 사신과의 개인적인 관계와 사신의 정치적 위세에 따라 마음대로 잡물을 보낸다. 이 때문에 정해진 수량 없이 모두 규정 이상으로 하여 백성의 고혈을 짜낸다."라는 언급이 있어, 중국으로 가는 사신에 대한 비용 분담에 있어서도 지역민의 어려움을 가중시키는 구조가 상존하였음을 확인할 수 있다.

이와 같은 큰 부담에도 불구하고 조선의 입장에서 사신 접대를 소홀히 할 수 없는 이유는 분명하였다. 조선은 전통적으로 중국의 황제를 중심으로 하는 국제질서에 속한 국가임을 자임하였으므로, 중국과의 관계 유지는 조선의 존립 근거와 직결된 사안이었다. 따라서 이를 매개하는 사신의 교환은 매우 중요한 국가 행사에 다름아니었다. 실제 조선 국왕 및 왕세자의 책봉冊封과 왕후의 책봉 승인, 시호諡號 및 고명誥命 수여와 같이 조선 왕정王政의 정통성에 대한 황제의 공인도 사신의 행차를 통해 수행되었기에, 조선의 군신에게 있어 사신 접대의 중요성은 아무리 강조해도 지나침이 없었다.

더구나 조선에 파견된 사신들은 대부분 중국 정계에서 중요한 위치를 점하고 있는 인물들이었다. 환관 정치가 두드러졌던 명대에는 환관을 총괄하는 관청인 사례감司禮監의 책임자인 태감太監이 황제의 최측근으로서 조선에 파견되는 일이 잦았고, 청대에는 팔기八旗에 속한 기인旗人 가운데 권력의 중심에 있는 인물들이 주로 파견되었으므로 이러한 인물들에 대한 융숭한 접대는 조선이 자국의 입장을 설득하고 외교적 이익을 도모할 수 있는 중요한 기회가 되었다. 그러나 그와 같은 기회는 결코 공짜로 주어지는 것이 아니었다. 당시 사신 접대 비용의 규모를 엿볼 수 있는 기록을 읽어 보자.

> A. 이세좌李世佐가 아뢰기를, "요동 호송군遼東護送軍이 으레 의순관義順館까지 오는데, 물자와 양곡을 주어 보냅니다. 탕참湯站을 설치한 후로 강상江上까지 왔다가 돌아가는데, 신유년 후로는 다시 의순관까지 옵니다. 그들 군사에게 공급하는 것 및 돌아갈 양곡과 인정으로 주는 물건 등 1년 비용을 계산하면, 쌀로 1천여 섬이나 되는데, 강변江邊의 저축은 한정이 있습니다. 만일 10년이 된다면 1만여 섬이나 될 것이니, 어떻게 지탱할 수 있겠습니까?"

B. 특진관特進官 조숙기曹淑沂가 아뢰기를, "신이 일찍이 평안도 관찰사가 되어 본도의 저축 양곡 수량을 계산하니, 겉잡곡을 제외하고 쌀이 평양平壤에 5만여 곡斛, 안주에 3만여 곡, 영변寧邊에 4만여 곡, 중화中和·삼화三和·용강龍岡 등 고을은 겨우 1만여 곡이며, 의주·강계江界·정주定州·숙천肅川·성천成川 등 고을은 명색이 큰 고을이지만 혹은 6, 7천 곡이라, 기타 각 고을은 혹은 1, 2천 곡까지 되어 군수용軍需用 저축이 매우 적습니다. (중략) 또 명 사신이 문신文臣이면 도사都司가 호송군 2, 3천 명을 거느리고 오고, 태감太監이면 총병관摠兵官이 8천 명을 거느리고 옵니다. 신이 일찍이 의주 목사일 때, 사신 동월董越·왕창王敞의 사행길에 소요된 비용을 계산하니, 4천여 곡이었습니다."[48]

위 인용문은 1503년(연산군 9) 3월 12일 경연에서 연산군과 신료들이 사신 접대 비용의 조달 방안에 대하여 나눈 논의의 일부분이다. 인용문 A의 내용을 통해 중국 사신단의 엄청난 규모를 짐작할 수 있다. 명나라의 정식 사행단은 상사上使와 부사副使, 그리고 사신을 수행하는 서반序班, 두목頭目, 군관軍官, 의원醫員, 사자관寫字官,

주자㕑子 등의 수행원으로 구성되었다. 이들만으로도 200명이 넘는 대규모 인원이었는데, 여기에 사신을 호송하는 군사까지 의주성 남쪽 압록강변의 접대 장소 의순관義順館까지 따라왔으므로 이들을 모두 접대하는 비용이 막대하였던 것이다. 인용문 B에는, 의주나 강계와 같은 평안도의 큰 고을에 비축된 쌀이 6, 7천 곡인데, 사행단을 한 번 접대하는 데 소요되는 비용이 4천여 곡이라는 언급이 있어 그 부담이 얼마나 크게 느껴졌을지 실감케 한다. 이러한 어려움으로 인해 특진관 조숙기는 "만일이라도 변방에 근심이 있게 된다면 양곡을 조달할 길이 없으니, 당장 둔전屯田을 설치하는 일보다 급한 계책이 없다."라고 확언하고 있다.[49] 외적 방어를 위해 비축해야 할 재원까지 모두 헐어 사신 접대에 사용하고 있었던 것이다.

이처럼 막대한 비용으로 인한 곤란 이외에도 사신단의 예기치 못한 행동 또한 조선의 군신에게 골칫거리를 안겨주었다. 중국의 황제와 조선의 왕 사이는 군신 관계로 맺어져 있었으므로 황제를 대리하여 조선을 방문하는 중국 사신의 위상은 명목상 조선 왕의 지위를 상회하였다. 그러므로 사신의 여하한 요구에 적절히 대응하는 데에는 많은 어려움이 따랐다.

명나라 조정의 내사內史 해수海壽가 의주에 이르렀다. 서북면西北面 도순문사都巡問使가 치보馳報하기를, "내사 해수가 13일에 압록강을 건너 의주에 이르러, 까닭 없이 성을 내며 목사 박구朴矩의 옷을 벗기고, 판관 오부吳傅를 결박하여 볼기를 치려다가 그만두었는데, 그 행색이 심히 급하여 끝내 온 까닭을 말하지 않았습니다." 하였다. 임금이 말하기를, "내가 공경히 천자를 섬겨 오직 한가지 마음을 다할 뿐이고, 사명使命을 받든 중국 관원이 비록 심히 불초하다 하더라도, 내가 감히 말하지 못하는 것이 어찌 그 중국 관원을 위해서이겠는가? 그런데도 악한 짓을 하는 것이 이 정도이다." 하고, 의정부에 명하기를, "해당 사신이 심히 공손하지 못하니, 만약 재상 중에 위엄과 명망이 있는 사람을 보내어 원접사遠接使를 삼으면, 그 독기를 부리지 못할 것이다." 하였다. 의정부에서 철성군鐵城君 이원李原을 보내기를 청하니, 임금이 대언代言 등에게 이르기를, "내가 마음속으로 하늘을 두려워하기 때문에 대국을 정성껏 섬기는 것인데, 천자는 조관朝官을 보내지 않고 환관을 보내니, 오기만 하면 탐욕스럽거나 포학暴虐하여 무례한 짓을 자행하니, 어떻게 처치할 것인가?"하였다. 대답하기를, "이것은 실로 고금의 공통된 근심입니다."라고 하였다. 임금이 말하기를, "내가 해수의 행동을 일일이 써서 실봉實封하여 황제에게 아뢰고 싶으나, 중국이 바야흐로 어지러운데, 내가 만일 이와같이 하면 하루아침의 분함으로 인하여 백 년의 근심을 끼칠까 염려되니, 참도록 하겠다."라고 하였다.[50]

위 실록 기사에 언급된 명나라 감승監丞 해수海壽는 이보다 앞선 1409년(태종 9) 5월 사례감 태감 황엄黃儼을 따라 조선의 진헌녀進獻女를 징발하기 위해 사신으로 나왔던 인물이다.[51] 그런 그가 같은 해 11월 다시 이유를 밝히지도 않은 채 조선에 와서 다짜고짜 행패를 부린 것이다. 조선의 고위 관원이 영문도 모른 채 중국의 환관에게 마구 구타를 당했던 것이니 문자 그대로 마른하늘에 날벼락과 같은 일이었다. 이를 보고 받은 태종 임금은 당장 그 실상을 적어 황제에게 아뢰고 싶은 마음이 굴뚝같았지만, 중국과의 관계를 고려하여 참을 수밖에 없는 안타까움을 토로하고 있다.

그런데 이로부터 며칠 후 사행단을 수행하였던 통사通事 전의소義가 요동에서 돌아와 해수의 행동에 대한 정보를 보고하였다. 그의 보고에는 '명의 조정에서 조선이 군사를 일으켜 달단韃靼을 돕는다고 전해 들었기 때문에, 해수를 시켜 조선에 가서 엿보게 하니, 국경을 넘어와 거짓으로 노한 체하고 조선에서 순종하는지 거역하는지를 살핀 것이라.'라는 요동 사람의 말이 담겨 있어 비로소 사건의 전후 사정을 알 수 있게 되었다.[52] 이 당시는 명나라 제3대 황제인 영락제永樂帝가 북원北元 잔존세력인 몽골 오이라트족에 대한 정벌을 단행하려던 참이라, 이에 앞서 조선과 몽골[韃靼]의 결탁 여부를 시험하기 위해 해수를 보내어 일부러 행패를 부린 것이었다. 결과적으로는 태종의 인내심이 더 큰 화를 막아낸 것으로 판명되었지만, 창졸간 일개 환관에게 당한 모욕은 피해 당사자는 물론 조선의 군신 모두에게 뚜렷한 상처를 남겼을 것이다.

한편 이보다 앞선 1408년(태종 8)에 좌소감左少監 기보祁保와 예부 낭중禮部郎中 임관林觀이 사신으로 왔을 때에는 이들을 따라온 요동의 군인들이 지역이 백성들을 괴롭히는 일이 발생하기도 하였다.

> 서북면西北面 도순문사都巡問使가 상언하기를, "사신 기보를 맞이해야 할 요동遼東 군관軍官과 군인들이 마음대로 압록강을 건너 의순관義順館에 머물러 있으면서 우마를 무역하려고 하여, 간호 6, 70명씩 떼를 지어 근처의 민호뿐만 아니라 5, 60리나 떨어져 있는 고을에까지 가서 밤을 틈타 맘대로 돌아다니고, 억매抑賣·강탈强奪하여 못하는 짓이 없으

니, 이것을 금하지 않으면 폐단이 장차 무궁할 것입니다."[53]

  사신을 호송하기 위해 따라온 요동의 군인들이 밀무역을 통해 돈벌이를 하려다 민가의 소와 말을 억지로 빼앗아 가는 지경까지 이르렀던 것이다. 다행히 이듬해 7월경 문제가 해결되었지만,[54] 이처럼 사신이 오가는 과정에서 발생하는 민폐는 실로 예측이 어려운 다양한 형태였음을 알 수 있다. 과연 국가 간을 공식적으로 오고 가는 사행단에서 이와 같은 문제가 발생해도 되는 것일까? 혹시 학식이 미천하고 외교 격식을 잘 모르는 환관이 사신으로 나와서 그런 것은 아닐까? 혹시 문신 출신으로 학식이 높은 사신이 나온 경우는 어떠하였을까? 이와 같은 궁금증에 대한 해답을 찾기 위해 1488년으로 가보자. 성종 19년 2월 29일 중국 사신을 맞이하기 위해 파견된 원접사遠接使 허종許琮의 급보가 접수되었다.

  정사正使 동월董越의 나이는 58세요, 강서江西 당주贛州 사람이며, 기축년에 진사進士 제 2명第二名에 등제等第하였습니다. 부사副使 왕창王敞의 나이는 36세요 남경南京 성내城內에 살며, 신축년에 진사進士로 등제하였습니다.

1488년 명나라 제9대 황제 홍치제弘治帝의 등극을 알리기 위해 사신 동월과 왕창이 조선에 파견되었다. 허종의 급보에서 볼 수 있듯 조선에서는 이들이 진사進士 출신으로 시문과 경학에 조예가 깊은 인물이라는 사실을 미리 파악하였다. 중국의 진사는 조선의 진사와 달리 과거시험에서 최종으로 합격한 사람에게 주어지는 칭호이다. 중국의 수많은 인구 가운데에서 2년 한 번 약 300명 정도의 진사가 선발되었으니 이번에 나온 사신들은 여타 환관들과는 비교가 안 되는 엘리트 문신이었던 것이다. 조선에서는 부랴부랴 문장에 재능이 있는 선비들을 선발하여 이들의 학식에 맞는 접대를 준비하였고, 이들의 일거수일투족에 신경을 곤두세웠다.

　실제 이들은 학식과 수준에 걸맞게 행동하였다. 국왕이 보낸 선물을 정중하게 사양하는 등 앞서 조선에 파견되었던 환관 출신 사신들과는 확연히 다른 행동거지를 보인 것이다. 정사와 부사가 청렴하게 행동하니 사행단의 다른 수행원들도 선물을 사양하는 등 민폐가 현저히 줄어들었다.[55] 하지만 조선의 군신은 도무지 마음을 놓을 수 없었다. 이 '점잖은' 사신들이 기존과는 다른 문제를 일으켰기 때문이다. 무지한 환관들과 달리 제후국에서 황제의 문서를 맞이하는 외교 격식에 대해 확고한 입장을 가지고 있었던 이들이 조선의 신료들이 마련한 접대 실무 절차에 대해 일일이 문제를 제기하기 시작한 것이다. 우선 명사들은 의순관 도착하자마자 산개傘蓋와 용정龍亭·향정香亭 등 황제의 문서를 옮기는 데 쓰는 물건 등에 황색을 사용하지 않고 백색을 사용한 부분을 지적했다. 황제의 격식에 맞게 접대 준비를 다시 하라는, 전에는 없던 지적이었다. 성종은 각종 의례 물품을 모두 황색으로 교체하라 지시함은 물론 이에 대한 책임을 지고 있던 의주의 관리에게 국문鞠問을 시행하도록 명하였다.[56] 기존에 늘 해오던 대로 손님맞이를 준비하였을 의주 관리들은 창졸간에 중죄인에게나 가해지던 신문을 당하게 되었으니 얼마나 황당했을까? 그럼에도 조선의 군신은 명사의 처신에 극도로 예민하게 대응하는 수밖에 없었다. 중국 사신들이 조선 관료들이 행례行禮에 약간의 실수만 있더라도 이를 모두 지적하고 규제하고자 한다는 보고가 이어졌기 때문이다.[57]

'점잖은' 사신들의 세세한 지적질은 조선의 문례관問禮官이 황제의 조서와 칙서를 맞이하는 의례와 관련된 의식 절차儀註를 점검받는 대목에서 절정에 달했다. 이들은 조선이 준비한 의례 절차 가운데 황제의 조서를 맞이하는 조선의 국왕이 가마輦를 타는 것이 예의에 부합하지 않으므로 대신 말을 타야 한다는 의견을 전달했다.

원접사 허종이 치계馳啓하기를, "중국 사신이 보산참寶山站에 도착하여 신에게 말하기를, '어제 문례관이 가지고 온 의주를 보았더니, 모두 옳습니다마는, 조서를 맞이할 때에 전하께서 연輦을 타는 것은 예에 불가하지 않습니까?' 하기에, 신이 대답하기를, '고황제高皇帝 이래로부터 조서를 맞이할 때에는 연을 타는 것이 이미 고례古例가 되었으니, 모든 사신이 돌아가서 어찌 조정에 말하지 않았겠습니까? 조정에서는 이미 알고 있는 줄로 생각됩니다.' 하니, 두 사신이 말하기를, '전에는 비록 연을 탔다고 하더라도 만약 예에 맞지 않는다면 고치는 데 무엇이 어렵겠습니까? 또 황제도 또한 때로는 말을 탈 경우가 있거늘, 만약 전하께서 신하를 보내어 경내에 교서敎書를 반포할 적에 교서를 맞이하는 신하가 견여肩輿를 탐이 옳겠습니까? 이것과 매한가지입니다. 또 만약에 황제의 성지聖旨에 연을 타고 조서를 맞이하도록 함이 있는데 우리들이 함부로 말을 타도록 하였다면 우리들도 또한 죄가 있으나, 성지가 없는데도 연을 타고자 하면 우리들도 왕경王京에 들어갈 수 없고, 마땅히 여기에 머물러서 황제께 급히 보고를 올려 아뢴 후에야 들어가겠습니다.' 하였습니다."[58]

명나라 사신들은 비록 과거에 조선 국왕이 가마를 타고 황제의 조서를 맞이하였던 전례가 있더라도, 그것이 예에 부합하지 않는다면 고쳐야 한다고 주장했다. 또한 황제 역시 말을 타는 경우가 있으며, 조선 국왕이 신하를 보내 교서를 반포할 때, 이를 맞이하는 신하가 가마를 탈 수 없는 것과 같은 이치라는 점을 근거로 들었다. 그럼에도 만약 조선 국왕이 가마를 타겠다고 고집한다면 자신들 역시 입경하지 않고 황제에게 아뢰어 지시를 받은 뒤에 움직이겠다는 입장을 명확히 하였다. 조선에게 반박의 여지를 주지 않겠다는 것이다.

명사 동월과 왕창은 애초부터 조선의 영조칙迎詔勅 의례를 명나라의 입장에 따라 고치려 작정을 하고 온 듯 의례와 관련된 모든 사안을 통제하고자 했으며, 심지어 조선 국왕이 조서를 맞이하는 형식까지도 조정하려고 하였다. 조선의 군신들은 앞선 영조칙 의례 시행 시에 조선의 방식으로 절차를 진행한 지가 이미 오래되었고, 명나라 조정에서도 문제를 제기한 적이 없다는 근거를 제시하며 기존의 방식에 따라 조서를 맞이하는 의례를 진행하고자 하였다.[59] 그러나 조선 측의 분명한 입장 표명에도 불구하고 조서를 맞이할 때에는 가마를 타고, 칙서를 맞이할 때에는 말을 타는 것으로 정리되었다.[60] 결국 '점잖은' 사신들의 고집을 꺾지 못한 것이다.

이처럼 황제가 보낸 문서를 맞이하는 의례 절차를 둘러싸고 표출되었던 조선 군신과 명 사신의 갈등은 이후 시기에도 간헐적으로 반복되었다.⁶¹ 물론 이와 같은 갈등과 조정의 결과, 황제를 정점으로 한 예제질서가 조선에서도 구현되기를 바랐던 명과, 중국 중심의 천하질서 속에 자발적으로 편제되었던 조선의 의지가 부합하여 양국 간의 외교 의례 정식이 마련되는 계기로 작용하였지만, 당시 현장에서 외교 실무를 담당하였던 관원들에게 얼마나 큰 부담으로 작용하였을지 쉬이 짐작할 수 있다.

개시開市의 폐단

한편, 명나라 말기에 후금은 명과의 교역 단절에 대한 대안 마련 차원에서 조선에 시장 개설을 요구했으나, 조선은 경제적 손실과 외교적 부담을 우려해 이를 거부했다. 그러나 인조 6년(1628) 정묘호란 이후, 조선은 후금의 요구에 따라 의주에 중강개시를 열었고, 이후 함경도에도 개시가 설치되었다. 청과의 교역이 확대되면서 참여 인원도 늘어났고, 이에 따른 과도한 접대비용 등 여러 가지 폐단이 발생했다. 영조 연간에는 이를 해결하기 위해 접대 비용과 참여 인원을 규정하고, 영조 45년(1769)에는 『함경도회원개시정례咸鏡道會源開市定例』를 마련하여 부담을 최소화했다. 그러나 1882년 개시가 폐지될 때까지 이로 인한 폐단은 완전히 해소되지 않았으며, 개

그림 4

《여지도輿地圖》, 함경도 부분, 서울대학교 규장각한국학연구원 소장

시가 열리는 지역의 관원과 백성은 막대한 부담을 짊어져야 했다. 이 절에서는 북변 접경 지역의 일상을 침해하는 또 하나의 요인이었던 손님맞이로 인한 갈등 사례를 살펴보도록 하겠다.

1656년(효종 7) 12월 11일 영의정 정태화鄭太和가 창덕궁 선정전宣政殿에서 효종 임금을 만나 함경도 회령會寧에서 열리는 시장으로 인한 문제에 대해서 아뢰었다.

> 청나라 사람이 회령에서 개시開市하는 인마人馬의 수효가 해마다 증가하여 금년의 경우는 마축馬畜이 8백 남짓한 형편에 이르렀고 구하는 바 소금도 2천 5백 석에 이르렀습니다. 당장 그들의 요구에 부응하기 어려울 뿐만 아니라 뒤 폐단 또한 매우 염려할 만합니다. 개시가 완료된 뒤에는 으레 이자移咨하는 일이 있으니 자문 내용 가운데 북로北路의 지공하기 어려운 상황을 아울러 언급하여 저들이 알도록 하시기 바랍니다." 하니, 상이 윤허하였다.[62]

조선에서는 1638년(인조 16) 이후 회령에서 청나라와 무역을 행하기 위해 시장을 개설하였다. 이를 회령개시會寧開市라고 하였는데, 여기에는 청나라 호부戶部의 허가증[票文]을 가진 영고탑寧古塔(현재 중국의 흑룡강성 일대)·오라烏喇(현재 중국의 길림성 일대) 등지의 만주인들이 와서 교역을 하였다. 이러던 것이 몇 년 후인 1645년부터는 격년으로 경원慶源에서도 시장이 열리면서부터 회령에서만 열리던 개시를 단개시單開市, 두 곳에서 열리던 것을 쌍개시雙開市라 하여 북관개시北關開市 또는 북도개시北道開市라고 총칭하였다. 이 무역시장은 양국 관리의 감시하에 행해진 공무역公貿易이었으나 부수적인 사무역私貿易도 행하여졌다. 원래 여기서 공적으로 거래되는 물품의 수량과 종류는 일정하게 정해져 있었지만, 점차 시장이 번성하고 참여자가 늘어남에 따라 거래되는 물품의 수가 많이 늘어나게 되었다. 청나라 만주 동부의 변민邊民은 조선을 통해 필수적인 생활용품을 구득하였기 때문이다. 위 인용문에 담긴 영의정 정태화의 보고에서도 알 수 있듯이 개시가 번성함에 따라 여기에 참여하는 인마人馬의 수효가 해마다 증가하고 그들이 구하는 물품도 많이 늘어서 그들의 요구에 부응하기 어려운 부담이 쌓이고 있었던 것이다.

  상기하였듯 원래 개시에는 멀지 않은 지역인 영고탑이나 오라 지방의 상인이 모여들었고, 나중에는 저 멀리 북경과 봉천奉天(현재 중국의 요녕성 심양 일대) 등지의 상인들까지 모여들 정도로 규모가 커졌다. 청나라에서는 통역관을 파견하고 영고탑·오라의 관원도 함께 상인과 축마畜馬를 이끌고 왔으며, 조선에서는 사람과 가축이 머무는 동안 이들이 머무는 숙소, 음식, 가축의 사료 등 일체를 부담했다. 당연히 청나라 사람들은 개시에 참여하는 비용 대비 많은 이익을 거둘 수 있었기 때문에 해마다 오는 자가 늘고 머무는 일수도

80~90일에 이르러 조선에서는 부담이 막대하였던 것이다. 관련하여 1733년(영조 9) 10월 27일 주강晝講에서 영조 임금과 신하들이 나눈 대화 내용을 살펴보자.

> 검토관檢討官 오원吳瑗이 말하기를, "신이 작년에 북경北京에 갔을 때 듣건대, 통관의 무리가 역관에게 말하기를, '북도北道의 개시를 너희 나라에서 혁파하고자 한다면 대국에서도 마땅히 이를 혁파할 것이다. 대개 개시에서 농기구와 소금을 무역하였는데, 지금 영고탑에서 그릇을 만들고 소금도 굽고 있으니, 개시는 매우 긴요하지 않다.'라고 하였다 합니다. 이제 외직外職에 보임補任되었을 때 듣건대, 개시의 폐해가 한없이 많아서 육진六鎭의 백성이 모두 매우 괴로워할 뿐만 아니라, 함경도는 온 도가 고루 그 폐해를 받고 있으므로, 사람들이 모두 말하기를, '개시를 혁파한다면, 북민北民이 지탱하여 보전할 수 있을 것이다.'라고 한답니다. 비변사에 하문하소서."라고 하였다.

영조 임금에게 올린 오원의 청은, 곧 폐단은 많고 효용은 적은 북도의 개시를 혁파하는 사안을 비변사에서 논의하도록 해달라는 것이다. 워낙 개시로 인한 폐단이 많고 이 지역 백성들의 어려움이 크다면, 효용이 적은 개시를 폐지하는 방안이 합당할 것으로 보인다. 그런데 이에 대해 영조는 의외의 답변을 내놓는다.

> 임금이 말하기를, "개시의 폐단은 나도 또한 이를 알고 있다. 지금 김시유金是瑜의 수본手本에도 개시를 혁파하려면 혁파할 수 있다는 말이 있었다. 그러나 시행한 지 이미 오래 되었고, 또 재물의 이익이 생길 만한 방법이 생기면 지금 비록 혁파하더라도 반드시 다른 폐단이 생길 것이니, 옛날 그대로 두는 것만 같지 못하다." 하였다.[63]

영조 임금 역시 폐단이 많음을 잘 인지하고 있고 앞서 다른 관료도 개시의 혁파 가능성에 대해 언급한 바가 있었음에도 시행한 지 오래된 개시를 그대로 두는 것이 이익이라는 것이다. 영조는 왜 이와 같은 판단을 하였는지 궁금한데 마침 같은 자리에 참석하였던 박문수가 발언을 이어간다.

> "두 나라 사이에 어떻게 호시互市가 없을 수 있겠습니까? 한 역관이 신에게 와서 말하므로, 신이 답하기를, '개시를

혁파한다면 이익이 역관에게 돌아갈 것이다.' 하였더니, 그 사람이 부끄러워 얼굴을 붉히며 물러갔습니다. 이는 바로 역관의 무리가 간계를 쓰는 소치이니, 청나라 사람이 비록 혁파할 것을 청한다 하더라도 결단코 허락할 수 없습니다."

조선과 청나라 사이에 무역의 필요성이 엄연히 존재하는 상황 속에서 개시로 인한 폐단은 분명하지만 그렇다고 이를 폐지할 경우 중간에서 무역을 독점하는 역관에게 이익이 돌아갈 것이라는 상황 판단이 작용하고 있었던 것이다. 이때 발언한 박문수는 암행어사로 잘 알려진 이미지와는 달리 실제 재정 분야에 밝은 경세형 관료로서 영조 임금의 지우를 얻어 백성의 삶을 개선하는 많은 위민정책을 펼쳤던 영조 연간의 중신重臣이다.[64] 아마도 영조 임금 역시 이러한 박문수와 같은 인식을 공유하였을 것이라 짐작이 가능하다.

실제 영조는 1769년 4월 개시에서 교역을 행하는 절차와 법규를 정한 조목을 적은 개시정례 정하고 책자로 간인하여 준수할 것을 명하였다.[65] 이처럼 조선에서는 개시로 인한 폐단을 점차 개혁하면서 개시를 계속 운영하였고, 이는 1884년(고종 21) 조선과 청 양국 간에 체결된 『길림여조선수시무역장정吉林與朝鮮隨時貿易章程』에 의해 기존의 개시를 폐하고 회령을 새로운 자유무역시장으로 개방할

그림 5
〈박문수 초상〉, 천안박물관 소장

때까지 유지되었다. 이처럼 장기간 운영되었던 개시는 이 지역 관원과 주민의 일상에 어떤 여파를 끼쳤을까? 이 의문에 대한 답을 찾기 위해 한 조선 후기 관원이 남긴 기록을 살펴보도록 하자.

현재 서울대학교 규장각한국학연구원에는 『북행수록』이라는 책이 소장되어 있다. 이 책은 조선 후기 순조~고종 연간 활동한 관료 정원용鄭元容이 회령부사會寧府使로 재임하던 시기(순조 29년 8월~순조 30년 12월)의 경험을 토대로 여러 문헌의 기록을 종합하고, 자신

1. 북변 접경 지역의 갈등 사례: 불분명한 경계, 침해받는 일상   77

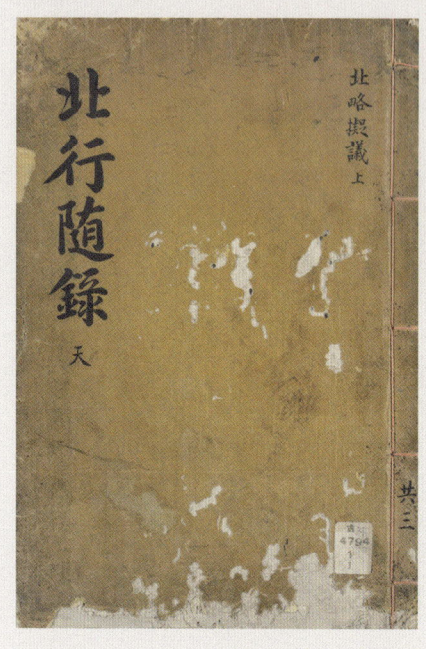

그림 6
『북행수록』 표지,
서울대학교 규장각한국학연구원 소장

의 견해를 더해 편찬한 견문록이다. 이 책은 19세기 전반 함경도 회령 및 관북北關 지역의 경영 방략과 자연·역사·유적·풍속 등에 대한 상세한 정보를 수록하고 있어 그 사료적 가치를 높이 평가받고 있다.

정원용은 순조 29년(1829)에는 북도北道의 심각한 수재水災에 대처하기 위해 회령 부사로 특임되어 1년여간 재직하였다. 정원용은 회령부사로 부임한 후 함경도 지방을 순행하면서 체득한 견문을 토대로 하여 북방 지역 사회 제반에 대한 개혁안을 작성하였다. 『북

그림 7
정원용이 입던 조복朝服,
국립민속박물관 소장

행수록』 내에 「北略擬議」이라는 편명으로 수록된 개혁안에는, 회령부 백성들이 겪는 시폐時弊와 그 해결 방안이 담겨있다.

  정원용은 권문세가 출신으로 72년간 조정의 요직을 두루 역임하고, 헌종 14년(1848)부터 고종 5년(1868)까지 6차례 영의정을 지낸 노련하고 유능한 관료였으므로 그의 문제 인식에는 이 지역 백성의 삶을 어렵게 하는 사회 경제 구조의 문제에 대한 깊은 고려가 있었을 것이라 짐작할 수 있다. 그 내용 일부를 살펴보도록 하자.

신 정원용이 의논합니다. 개시는 도 전체의 폐단이나 회령이 더욱 심합니다. 영조 연간의 관찰사 이이장李彛章이 비변사를 오고 가며 개시정례開市定例를 인행하였는데, 지금도 참고하여 실행합니다. 이 책은 여러 가지 폐단에 대하여 깊이 살피고 있지만 정해진 규정 이외의 쓸데없는 비용은 그 단서가 일정하게 규정되어 있지 않습니다. 청나라 사람이 객관에 머무는 것은 20일이 한도이고, 이들을 대접하는 비용은 이에 준하여 마련합니다. 사람과 가축의 수 또한 정해진 액수가 있습니다. 그러나 청나라 사람이 애초에 일시에 한 번에 오지 않고 연이어 나오는데, 도착한 후에는 접대하지 않을 수가 없으니 모두 와서 수를 계산하기 전에는 그 머문 날짜를 따질 것 없이 모두 본 회령부에서 책임지고 응대해야 하는 것이 그 폐단의 하나입니다. 청나라 사람이 온 후에 뽑아 준비하는 방군房軍이 760여 명이 되니 그 수를 헤아려 급료를 준 후 회령, 종성, 무산 세 읍에서 분담하지만 그 전에는 본 회령부에서 단독으로 거행해야 하니 집집마다 백성을 뽑아 방군으로 쓰느라 일대가 소란스럽습니다. 이것이 그 폐단의 둘입니다. 청인이 머무는 방에 쓸 탄이 300석입니다. 매 석마다 가격으로 50문을 지급하니 그 본가를 각 사의 백성에게 분급합니다. 매 호마다 값을 더 보태는 것이 10두 정도 됩니다. 이것이 그 폐단의 셋입니다. 방에 땔 땔감과 말먹일 풀은 본부에서 감당하는 데 부족한 수는 백성이 소유한 땅[民結]에 더하여 분정分定합니다. 비록 조금씩 급가給價하여도 스스로 수고롭게 비용을 많이 씁니다. 이것이 그 폐단의 넷입니다. 대자리와 발, 소와 말의 먹이통, 울타리의 말뚝과 막대, 각색의 그릇을 모두 각 사의 백성이 책임지고 내는데 비록 차사원差使員을 접대하는 데 드는 돈이나 물품을 넣어두던 창고[差需庫]에서 비용을 꺼내 값을 치러주어도 민호民戶에서 추가로 거두는 것이 본가의 배에 이릅니다. 이것이 그 폐단의 다섯입니다. 쌍시가 열리는 때에는 청인이 경원으로 가는데, 그들이 타는 말과 물건을 싣는 소는 모두 본 회령부에서 책임지고 준비합니다. 그러한 까닭에 부에 소속된 마병馬兵에게 말을 받아다 쓰게 합니다. 때가 되면 이를 꺼리어 피하니 붙잡아 오느라 소란합니다. 근래에 그쪽 사람들이 간혹 말이 좋지 않다고 하여 퇴짜를 놓으면 사사로이 면포를 바치니 마병이 모면하는 바가 타 장정보다 심합니다. 이것이 그 폐단의 여섯입니다. 청인의 방에 매일 들이는 음식과 증급하는 건

어물은 이미 각 읍에서 나누어 담당하는 정례가 있으나 생어물은 본 회령부의 바닷가 호에서 전수를 관아에 납품합니다. 바닷가에서 본부까지의 거리는 150리이고, 큰 고개로 나누어져 있으니 겨울철에 이곳을 내왕하는 데에는 4, 5일이 걸립니다. 남자는 등에 지고 여자는 머리에 이고 그 행렬이 끊이지 않으니 어호漁戶는 점점 흩어지고 역에 응할 것은 점점 많아집니다. 이것이 그 폐단의 일곱입니다. 청인이 머물고 접대하는 관사는 300여 칸이 되고, 둘레의 담장은 400여 파把입니다. 청인이 한 번 다녀간 후에 무너진 담장과 망가진 벽을 고치는 역이 해마다 없는 해가 없으니 본 회령부의 16개 사 가운데 매년 두 사가 돌아가면서 민정을 조발하고, 목재와 기와, 흙과 돌, 복개覆蓋와 자형紫荊을 모두 책임지고 납부하고, 스스로 음식을 지참하고 부역하는 날이 6, 7일이 됩니다. 이것이 그 폐단의 여덟입니다. 와서 머무는 것이 처음부터 끝까지 거의 한 달에 가까우니, 순찰하는 장졸 300여 명이 청인이 함부로 나다니는 것을 막습니다. 밤이 되면 도로에 각자 순행 구역을 정하여 함부로 떠나지 못하게 하는데, 모진 바람과 사나운 눈이 살갗을 찌르고 온몸이 얼어 터지지만 애초에 한 되의 쌀이라도 지급하는 정례가 없습니다. 이것이 그 폐단의 아홉입니다. 본 회령부에서 녹미祿米로 받는 것이 지극히 박하여 1년에 주는 전미田米가 7, 800석입니다. 그런데 청나라와 개시하는 때의 각종 책임 및 어사御使와 차원差員, 기타 공행公行 등이 허다하고, 진상마進上馬를 지공支供하는 데에도 별도로 돈이 듭니다. 이를 모두 본 회령부에서 거행하는데, 개시를 치루고 난 후 들어간 비용이 매번 3, 400석인데 이같이 박한 늠봉으로는 관부의 모양을 갖추지 못합니다. 어느 겨를에 은혜를 더해주고 베푸는 정사를 펼칠 수 있겠습니까? 관부가 지탱하지 못하면 그 해는 백성에게 미칩니다. 이것이 그 폐단의 열입니다. 본 회령부 각 아문의 곡식은 비록 수만을 넘지만 원회곡元會穀은 천 과斛 미만입니다. 그런 까닭에 차수差需에 부족한 곡식은 매번 순영巡營에서 무산茂山의 곡식을 획정하여 우선 차수에 씁니다. 본 회령부의 곡식을 내어 도로 갚을 때에 비로소 백성을 보내 무산의 각 창고로 가져가도록 합니다. 낭떠러지를 넘고 물을 건너 다녀오는 데 여러 날이 걸립니다. 농사철의 백성이 여러 날을 길바닥에서 허비합니다. 이것이 그 폐단의 열하나입니다.[66]

정원용의 상세한 문제 진단을 있는 그대로 공유하기 위해서 다소 긴 내용을 인용해 보았다. 그에 따르면 회령부의 개시 운영과 관련된 폐단은 여러 가지로 나타나는데, 청나라 인원이 한 번에 다 오는 게 아니라 여러 차례에 걸쳐 나눠서 오므로 자연히 체류 기간이 길어지고, 접대에 소용되는 비용과 인력도 이에 비례해 증가하므로 회령부에서 감당하기에는 너무 큰 부담으로 작용하였다. 아울러 청인 접대에 필요한 석탄, 땔감, 가축의 먹이, 생어물 등은 백성들이 모두 부담해야 하며, 이를 조달하기 위한 추가적인 비용과 노동력이 요구되므로 큰 문제가 아닐 수 없었다. 경원에도 개시가 열리는 해에는 청인의 이동에 필요한 말과 소를 조달하기 위한 마병들의 고생이 심하고, 간혹 상태가 좋지 않은 말의 납품을 눈감아주는 대가로 뇌물 수수 문제가 발생하였다. 이에 더해 청인들이 머무는 관사의 수리 비용과 순찰병에 대한 지원 부족, 개시 비용 부담 증가, 곡식 운반으로 인한 농사의 피해 등도 큰 문제로 꼽고 있다.

정원용은 개시가 해마다 반복됨에도 불구하고 폐단이 개선되기는커녕 점점 더 가중되는 데에는 개시를 준비하고 운영하기 위한 장기적인 안목과 일정한 체계가 없기 때문이라고 지적한다.[67] 그는 청나라 사신이 도착할 때마다 관속과 주민들이 미리 준비하지 않고, 시일에 맞춰 급히 움직이느라 혼란과 낭비가 생기고, 사신이 돌아간 후에는 관사와 집기를 방치해 이듬해에 다시 비용과 노력이 들게 된다고 비판한다. 정원용은 관사를 견고하게 수리하고 물품을 잘 보관하면 매년 새로 준비하는 번거로움을 줄일 수 있다고 강조하면서, 관리들이 개시를 한 번 치른 후 다음 개시를 더 잘 치를 생각은 하지 않고, 대신 더 좋은 벼슬자리를 찾아갈 생각에만 골몰하여 지속적인 개선이 이루어지지 않는 구조에서 근원적인 문제가 초래된다고 보았다.

그런데 이러한 모순적인 구조는 중앙의 문화·경제·사회·인적 네트워크로부터 멀리 떨어져 있는 북변 접경 지역에 대한 당대의 인식에서 기인하는 것이라 볼 수 있지 않을까 한다. 조선시대에는 평안도를 비롯한 서북 지방을 의도적으로 소외시키고 출신 지역민들에 대한 차별 정책을 시행하였다는 사실이 학계의 연구를 통해 확인된 바 있다.[68] 특히 조선 후기에 접어들어 평안도는 사회경제적 성장에 기반하여 고을마다 문풍이 확산되고 있었음에도 조정에서는 평안도 지역을 무武를 분발시켜야 하는 지역으로 구분하면서 문풍의 확산을 경계하고 차단하는 정책을 구사하였다. 그러므로 이 지역의 문제점에 대한 지방 관원들의 문제 제기가 간혹 제기되어 조정에서 논의되었음에도 근원적으로 해결되지 못하고 장기간 방치되었던 것으로 보인다. 변방의 고을을 다스리기 위해 중앙에서 파견한 관원은 이 고을 백성들의 삶을 책임지는 목민관으로서 전력을 다했어야 한다. 그렇게 하더라도 척박한 변방의 일상을 평온히 유지하기는 결코 쉽지 않았다. 그러나 관원 스스로가 손님으로서 잠시 다녀간다고 인식을 하였기에 이 지역에 만연하였던 손님맞이의 어려움은 쉬이 개선될 수 없었던 것이다. 이래저래 변방의 일상은 고달프기만 했다.

2

남변 접경 지역의 갈등 사례

: 높은 담장, 그 너머를 바라보는 시선

담을 넘는 사람들

앞장에서 살펴본 바와 같이, 조선과 명·청이 국경을 마주하고 있었던 북변 접경 지역에는 경계의 이쪽저쪽을 넘나들며 생활하던 소위 '간민'들이 존재하였다. 이들로 인해 발생하였던 갈등의 배경에는 접경 지역의 광범함과 경계선의 불명확함이 중요한 요소로 작용하였다고 볼 수 있겠다. 그렇다면 이와는 반대의 조건을 가진, 즉 접경 지역의 범위가 제한적이고, 경계선 또한 명확히 그어져 있었던 남변 접경 지역의 상황은 어떠하였을까? 이러한 의문을 해소하기 위해 조선 후기 남변 접경 지역에 조성되어 있었던 왜관의 일상을 살펴보도록 하겠다.

조선 전기 이래 한반도 동남해안 일대 포구에 왜관이 설치·운영되었다. 이곳에서는 일본인이 상주하면서 조선과의 외교, 무역 등 공식적인 교류를 행하였으므로 이곳을 조선과 일본의 접경 지역이라고 일컬어도 무리가 아닐 것이다.[69]

조선 초기 대일 외교의 가장 큰 과제는 왜구 문제였다. 조선 조정은 왜구의 침입에 강력히 대응하면서도 무역을 통해 평화적인 교류로 전환하려는 전략을 세웠다. 이에 따라 조선에는 무역을 위해 온 일본인과 조선에 귀화한 일본인 등 일본인 거주자가 꾸준히 늘어나

태종 10년(1410)경에는 경상도에 약 2,000명에 이르렀다. 증가하는 일본인 인구를 통제하기 위해 조선은 태종 7년(1407) 부산포와 내이포에만 일본 선박의 정박을 허용했으며,[70] 태종 18년(1418)에는 이 일대 포구에 왜관을 설치하여 상주 왜인을 안치하였던 것으로 보인다.

> 병조에서 경상도 수군 도절제사慶尙道水軍都節制使의 첩정牒呈에 의거하여 아뢰기를, "부산포富山浦에 와서 거주하는 왜인倭人이 혹은 상고商賈라 칭하고 혹은 유녀遊女라 칭하면서 일본日本 객인客人과 흥리 왜선興利倭船이 이르러 정박하면 서로 모여서 지대支待하고 남녀가 섞여 즐기는데, 다른 포浦에 이르러 정박하는 객인客人도 또한 술을 사고, 바람을 기다린다고 핑계하고 여러 날 날짜를 끌면서 머물러 허실虛實을 엿보며 난언亂言하여 폐단을 일으킵니다. 빌건대, 좌도左道 염포鹽浦와 우도右道 가배량加背梁에다 각각 왜관倭館을 설치하여 항거恒居 왜인倭人을 쇄출刷出하여 나누어 안치安置하여 거주하면서 살게 하는 것이 어떠하겠습니까?" 하니, 명하였다. "본도本道로 하여금 나누어 안치安置할 즈음에 인심人心이 들떠 움직이지 말게 하라."[71]

이후 일본인의 체류가 허가된 부산포에는 일본 외교 사절이 머무는 객관客館과 공간公館이 설치되었다. 이어 세종 8년(1426)에는 염포까지 추가해 삼포 체제를 마련하였으며,[72] 세종 20년(1438)에는 일본인 거주지를 격리하여 관리하기 위한 조치로 삼포의 일본인 마을에 목책과 담장을 세워 출입을 통제했다.

> 의정부에서 병조 정문에 의거하여 아뢰기를, "왜객인이 식량을 많이 받을 양으로, 뱃사공 수효를 문서에는 많이 기재하고 실상은 그 수효를 줄여서 데리고 오는 것입니다. 그리하여 이름을 대조해서 수효를 점고할 때에는 먼저 온 딴 뱃사공을 불러다가 이름을 속이고 문서대로 충당하니, 방지하는 방책을 왜관에 마련하는 것이 마땅합니다. 왜인 막사 둘레에다 목책을 설치하고 이 바깥 둘레에도 겹쳐서 설치한 다음, 서쪽과 북쪽에다 문을 두 곳만 만들어서 상시로 파수把守하고 출입하는 왜인 수효를 헤아려서, 간사한 왜인이 남의 이름으로 식료食料를 받아 가는 폐단을 막는 것이니, 감사와 도절제사에게 타당한 방법인가, 아닌가를 함께 논의하여 알리도록 하는 것입니다." 하니 그대로 따랐다.[73]

조선에서는 바다를 건너온 왜인을 위해 식량을 제공해 주었는데, 왜인들이 뱃사공의 수를 늘려 식량 수요를 과장하는 방식으로 농간을 부리자 이에 대한 대응으로 삼포의 일본인 거주자 수효를 엄격히 관리하고 거주 공간에 대한 통제 역시 강화하였던 것이다. 이어 중종반정에 따른 개혁 정책의 일환으로 부산포釜山浦, 내이포乃而浦, 염포鹽浦 등 삼포三浦에서 거주하던 항거왜인恒居倭人에 대한 통제가 강화되자 중종 5년(1510) 내이포의 일본인 4,000-5,000여 명이 부산을 공격하여 첨사 이우증李友曾을 살해하는 사달이 일어났다. 이들은 이어 내이포를 공격하여 첨사 김세균金世鈞을 납치한 뒤 웅천熊川과 동래를 공격함으로써 삼포왜변이 발생하였다.[74] 고성 현감 윤효빙尹孝聘 등이 왜적에게 작변의 사유를 물으니 "부산포 첨사는 소금을 만들고 기와를 구우면서 토목吐木을 바치라고 독촉하고, 웅천 현감은 왜인이 흥리興利하는 것을 일체 금하며 왜료倭料를 제때에 주지 않고, 제포 첨사는 바다에서 채취採取할 때에 사관射官을 주지 않고, 또 왜인 4명을 죽였기 때문"이라는 대답이 돌아왔던 것으로 보아 일본인에 대한 통제의 강화가 변란이라는 반작용을 야기하였음을 알 수 있다.

조선 조정은 이때의 변란을 계기로 삼포를 완전히 폐지하였다가 이후 대마도주와 무로마치 막부의 지속적인 간청 등으로 인해 중종 7년(1512)에 임신약조壬申約條를 맺고 교역은 재개하되 일본인들의 행동에 상당한 제약을 가하는 조건하에 화친을 맺었다.[75] 하지만 이 임신약조는 양국 간 교역량을 제한함으로써 일본인들의 이익을 상당히 저해하는 조약이었으므로 이에 대한 불만이 다시 중종 39년(1544) 사량진蛇梁鎭 왜변으로[76] 분출되게 된다. 이에 조선 조정은 임신조약을 완전히 폐기하고 일본인의 조선 왕래를 엄금하였으나, 명종 2년(1547)에 정미약조丁未約條를 체결함으로써 교역 재개를 허락하였다.[77]

이처럼 거듭된 변란과 화친을 거치면서 가까스로 양국 간의 교역은 유지되었지만 이에는 더 강화된 통제 규정 수반되었다. 특히 명종 10년(1555) 왜구들이 왜선 70여 척을 동원하여 전라남도의 변장들을 살해하고 10개의 진을 함락시켰던 을묘왜변[78]이 발생한 후에는 대마도에 대한 무역 통제 또한 생활 필수품 무역할 수 있는 정도인 세견선 5척으로 제한하기에 이르렀다. 이처럼 조선 전기 이래 왜관에서 이어진 조선과 일본의 만남은 여러 차례의 변란을 겪은 이후에 임진왜란이라는 파국을 만나게 되었다.

왜관으로 대표되는 남변 접경 지역에서 비롯된 조선과 일본의 교류가 이처럼 불행한 결말을 맞이한 데에는 왜인의 거듭된 작란 → 통제 강화 → 무역 실리 감소라는 직접적인 요인이 있었음은 물론,

무로마치 막부의 통제력 약화에 따른 일본 내부의 혼란상도 배경으로 작용하였다고 하겠다.

임진왜란 이후 국교를 회복하는 과정에서 부산의 절영도에 임시 왜관이 설치되었고, 조선 정부는 일본 사절을 위한 숙소와 시설을 반드시 지정된 포구에 마련해야 했다. 이에 1607년, 조선 전기의 왜관 터가 군사기밀 지역에 포함되자 두모포에 새로운 왜관이 설치되었다. 이 두모포 왜관은 약 70년 동안 조일 외교와 무역의 거점 역할을 했으나 협소하고 정박이 불편해 일본 측은 이전을 요청했다. 1640년부터 1673년까지 30년간 총 8회의 교섭 끝에 초량으로 이전이 결정되었고, 1675년에 착공하여 1678년에 완공되었다.

초량 왜관은 약 33만 m^2로 두모포 왜관보다 10배 크고 나가사키의 네덜란드 상관보다도 규모가 컸다. 용두산을 중심으로 동관과 서관으로 나뉘어, 동관은 대마도인들이 상주하며 외교와 무역을 담당하고, 서관은 일본 사절의 숙소로 사용되었다.

이처럼 갈등의 역사를 뒤로 하고 재개된 조선 후기 왜관에서의 통교는 화친과 우호보다는 통제와 감시의 기조를 유지하게 되었다. 왜관은 언제나 담장으로 둘러싸였으며, 그 주변은 군사들이 경계를 서는 출입 금지 지역이었다. 일본인에게 허락되지 않는 왜관 출입은 '난출闌出'이라 하여 불법적인 행위로 간주되었고, 숙종 9년

그림 8
《여지도輿地圖》, 동래 부분, 서울대학교 규장각한국학연구원 소장

(1683) 체결된 약조에 따라 정해 놓은 경계를 넘거나 넘고자 하는 범월 행위는 사형에 해당되는 무거운 처벌로 다스려지도록 성문화되었다. 『증정교린지』에 수록된 해당 조문을 살펴보도록 하자.

○ 금표禁標로 정한 경계 밖에서는 크고 작은 일을 막론하고 함부로 나가 경계를 범한 자는 일죄一罪로 다스린다.

○ 노부세路浮稅를 현장에서 잡았을 때는 준 자나 받은 자

모두 일죄로 다스린다. 소위 노부세라는 것은 곧 왜채倭債를 말한다.

○ 개시開市 때 몰래 각방各房에 들어가서 남모르게 서로 매매한 자는 피차 각각 일죄로 다스린다.

○ 오일잡물五日雜物을 들여보내 줄 때에 왜인은 색리色吏, 고자庫子, 소통사小通事 등을 절대로 끌어내어 때리지 말도록 한다.

○ 피차간에 죄를 범한 사람은 모두 관문 밖에서 형을 행한다. 대마도 봉행奉行 평진현平眞賢 등 5인이 이름을 써서 가져왔기에 이를 돌에 새겨서 경계를 정한 곳에 비를 세웠다.[79]

위에 인용한 조약은 조선 측에서 일본에 요구한 내용으로서 일본인에 대한 규제와 단속을 골자로 하는 내용임을 알 수 있다. 왜관의 경계를 무단으로 넘거나, '왜채倭債'라고 하여 조선인이 일본인과 밀거래 시 빚을 지는 행위 또는 밀거래 자체를 범할 경우 '일죄一罪' 곧 사형으로 처벌한다는 내용이 우선 눈에 든다. 이처럼 왜관 거주민의 통행 범위와 출입 및 상행위를 엄격하게 통제하였던 데에는, 일본인에 대한 불신과 경계를 토대로 기밀 유출, 밀무역, 양국인의 교

그림 9
약조제찰비約條製札碑,
부산시립박물관 소장

간交奸을 막기 위한 목적이 중요하게 작용하였으리라 짐작할 수 있다. 반면 일본 측에서 조선에 요청한 내용은 대체로 왜관에서의 생활 유지를 위한 생필품의 지급, 외교와 무역의 원활한 수행에 관련한 내용으로 채워져 있다.

○ 관수왜館守倭가 또 약조를 청하여 아뢰었다. 본주本州 대마도는 토지가 메마르고 나라에 저축한 물건이 없어 막

하幕下에 있는 모든 신하들도 근년에 와서 곤궁하게 지내며 더구나 지난해에 통신사 일행이 바다를 건너왔다 가는데 대접하느라고 재력이 고갈되었는바, 이 일은 삼사三使들이 보고 들어 알고 있다. 그렇기 때문에 예例에 따라 첨사僉使를 보내어 상의하여 한 가지 약조를 맺었으면 좋겠다.

○ 매일 조시朝市에는 생선, 채소, 그 밖의 물건들을 항상 끊임없이 들여보내야 할 것이다.

○ 일본 배가 왔을 때에는 관사館司 관수에 보고하는 것이 항상 늦었는데 지금부터는 속히 관수에게 알리고, 만일 각 배가 표류하여 먼 포구의 변경에 도착했을 때는 즉시 바람이 가라앉기를 기다려서 초량草梁으로 호송해야 할 것이다.

○ 관내에는 항상 숯과 땔나무가 모자라는데 이것은 하루라도 없어서는 안 되는 물건이니, 태만하지 말고 들여보내 주어야 할 것이다.

○ 수문직守門直과 통사通事의 수가 적어서 항상 여러 일에 지장이 있으니 아마도 사람수를 더 늘려 주어야 할 것이다.

○ 근년의 인삼은 모두 손으로 만들고 또한 겉모양을 꾸미는

것이 심한데 이것은 좋지 않다. 인삼은 실로 귀국의 명산 약품으로 상품上品은 옛날부터 우리 동도東都 강호江戶에 가져다 바쳐왔다. 더욱더 검사하고 살펴야 할 것이다.
- 들여보내는 백미白米에 물을 부어서 적신 것은 필시 하리下吏들이 하는 짓일 터이니 조사하여 살펴야 할 것이다.
- 일본의 여러 사신들이 바다를 건널 때에 옛날의 예로는 만호萬戶와 판사判事가 배를 타고 나와 맞이하였다. 그러나 요즈음은 자못 옛날의 예에 빠짐이 많고, 때로는 나오지 않는 일도 있으니 지금부터는 나와서 맞이해야 할 것이라고 청하였다.[80]

왜관에는 보통 400-500명의 대마도에서 온 성인 남자가 살고 있었고 많을 때에는 1,000여 명에 달하기도 하였다. 이들이 통상적으로 소비하는 식량, 땔감 등 생활 필수품은 물론 외교 사절의 방문 시 거행하는 의례나 연향 비용 등은 왜관의 유지에 필수적이었기에 이에 대한 요구 사항이 매우 구체적으로 적시되어 있는 것이다.

왜관에 거주하면서 주요 역할을 맡은 일본인들을 '왜관 사역四役'이라 불렀다. 왜관 사역에는 왜관의 책임자인 관수館守와 외교를 주관하는 재판裁判, 외교 문서를 담당하는 동향사東向寺 승僧 그리고 무역을 담당하는 대관代官이 있었다. 대관은 무역 형태에 따라 일대관一代官·이대관二代官·정대관町代官·별대관別代官·약재대관藥材代官 등 다양한 직책으로 나뉘었다. 또한, 조선어 통역을 맡은 역관과 부정기적으로 파견되는 외교 사절들도 있었다.

왜관과 관련된 조선 관원으로서 왜관의 제반 현안을 감독하는 동래 부사는 일본 사절 접대, 조정에 왜관의 정황 보고, 외교 교섭 진행, 대일 무역 감독 및 총괄 보고 등 왜관과 관련된 행정의 총책임자였다. 부산 첨사는 동래 부사와 함께 일본 사절을 접대하고 왜관을 출입하는 조선인과 일본인의 통제, 일본에서 들어오는 선박의 조사, 왜관에 지급할 물품 업무 등을 담당하였다. 그리고 동래부에는 서계색書契色, 오일색五日色, 운미감관運米監官, 개시감관開市監官 등 대왜관 업무와 관련된 직역자職役者가 있었다. 아울러 외교 사절을 접대하기 위해 파견된 경접위관과 향접위관이 있었고, 일본어 통역을 담당하는 역관도 서울과 부산에서 파견되었다. 이 밖에도 왜관 내외의 행정 업무와 통제에 다양한 조선인들이 동원되었고, 왜관 주변에는 출입을 통제하는 조선 군인들이 배치되었다.[81]

이처럼 왜관의 문밖에는 언제나 동래 부사의 군관과 부산 첨사 군관이 돌아가면서 경비하는 통제와 경계의 공간이자[82] 일본 또는 대마도의 축소판으로서 생활인들이 거주하는 일상의 공간이기도 하였다. 왜관 안팎에서 전개되는 일상 속에서 자연스레 양국인들의 접점이 형성되었고, 이러한 만남의 지점에서는 필연적으로 갈등이 생성될 수밖에 없었다. 앞서 살펴본 갖가지 금령은 제대로 준수되지 않았고, 왜관을 둘러싼 경계 마찰은 다양한 형태로 표출되었다. 우선 현종 13년(1672) 왜인 차사와 수행원이 왜관을 무단으로 벗어나 행패를 부린 사례를 살펴보자.

> 부산의 왜인 차사와 그의 수행 왜인들이 오랫동안 작은 집에 거처하다 보니 답답함을 견딜 수 없다고 하면서 때때로 구역을 벗어나는가 하면 심지어는 동래 향교와 온천 및 냇가와 야외 등 가지 않는 곳이 없었다. 소통사小通事들이 옷을 잡아당기면서 만류하면, 결박하거나 환도環刀로 때리면서 막지 못하게 하였다. 하루는 왜관의 왜인 14명이 온천에 가서 목욕을 하고는 앞에 있는 언덕에 올라가 감동창甘同倉을 내려다보고 있었다. 통사가 따라가 막자 막대기를 휘둘러 쫓아버리고 강변을 배회하며 두루 구경한 뒤에 돌아갔다. 이른바 감동창이란 곧 양산梁山 땅이다. 이는 전에 없었던 일이다.[83]

앞서 살펴보았듯 숙종 9년(1683) 체결된 약조에 따라 왜관을 임의로 출입하는 자는 사형에 처하도록 규정하였다. 위의 사례는 이 규정이 제정되기 이전에 일어난 일이기는 하지만 효종 4년(1653) 이미 "동래부의 표문標文을 받은 자 외에 만일 무단으로 출입하는 자가 있으면 발각되는 대로 치계하여 중죄로 다스린다受東萊標文者外, 如有無端出入者, 隨現馳啓, 從重科罪]."는 규정이 정해져 있었으므로 결코 가볍게 다룰 사안이 아니었다. 물론 왜관 운영을 위해 필요한 경우 합법적인 왜관 출입이 가능하였다. 대마도와 왜관을 오가는 선박을 살피는 행위, 두모포왜관 뒷산에 있는 조상 무덤에 성묘하는 일, 조선 해안에 표착한 일본 표류민에 대한 문정問情 등이 출입 허용 사유 가운데 하나였다.[84] 그럼에도 왜관에서 체류하던 일본인이 왜관 밖을 나오는 일이 자주 있었던 것으로 보인다. 1679년 왜관의 동서남북에 금표를 설정하여 일본인들이 경계를 넘지 못하도록 한 조치, 1709년에 왜관의 토담을 1.8m 높이의 돌담으로 개축한 조치[85], 그리고 『변례집요』에 아예 「난출」편을 설정하여 관련 사례만을 따로 정리하고 있는 사실[86] 등이 일본인의 난출이 지속적으로 자행되었다는 사실을 방증한다. 이와 관련하여 숙종 23년(1697)에 있었던 난출 사건 기사를 하나 더 살펴보자.

동래 부사 이세재李世載가, 관왜館倭 18명이 함부로 나가 구초량舊草梁으로 향하다가 변경하여 선암사仙巖寺로 갔는데, 훈도訓導 이준한李俊漢이 그의 집안에 드러누워 있으면서 끝내 따라가지 않은 죄상罪狀을 묘당廟堂으로 하여금 품처할 일을 치계馳啓하자, 비변사備邊司에서 변신邊臣을 신칙하고, 관수館守를 엄하게 책망하고, 한결같이 약조約條한 대로 처단處斷하고, 이준한은 잡아다 조처하도록 청하니, 그대로 따랐다. 이어 전교하기를 "이웃 나라와의 교제를 오래도록 보존하는 데는 귀중함이 성실하고 신의가 있는데 달려 있다. 그런데 요즈음에 와서 약속을 어기고 금지시키는 것을 범하는 경우가 한두 번이 아니다. 이제 또 아무런 까닭도 없이 마음대로 나왔으니, 각별히 엄중하게 책망하고 빠르게 처단할 일을 변신邊臣에게 신칙하도록 하라." 하였다.[87]

일본인의 왜관 난출이 빈발하는 데도 이를 감시해야 할 관원이 책임을 방기하고 있었던 것이다.

금단의 선을 넘어

이처럼 왜관의 출입이 철저하게 통제되지 않는 상황은 또 다른 문제로 이어졌으니, 조정에서 엄격히 금한 조선인과 왜인의 불법적인 교간交奸이 빈발하였던 것이다. 이와 관련하여 숙종 1년(1675) 윤5월 3일에 접수된 비변사의 보고 한 건을 살펴보도록 하겠다.

> 비변사에서, "동래부 사람 어부동於夫同이, 왜인이 자기 아내를 간통함을 보고 그 왜인을 쳐죽여서 바다에 던진 일이 있었습니다. 그를 참견한 사람들이 여러 차례 형신刑訊을 받았지만 아무런 단서端緒가 없으니 석방하여 마땅할 듯합니다." 하니, 임금이 이를 윤허하였다. 이때는 변방의 금령이 해이해져서 왜관에 있는 왜인들이 가만히 여염으로 다니면서 부녀자를 간음하였다. 그래서 동래와 부산의 백성에는 왜인의 출산이 많았으며, 서북의 사람도 또한 그러하여 호인胡人의 귀와 눈이 되어 가만히 나라의 일을 일러 주므로 식자識者들이 이를 근심하였다.[88]

위 인용문을 통해 난출로 인해 야기된 일본인의 불법 행위에 대한 조선 조정의 우려를 읽을 수 있다. 왜관을 무단으로 출입한 일본인이 현지 백성의 아내와 간통하는 등 부적절한 행동을 벌이는 일이 동래와 부산 지역에서 빈번하게 일어나고 있는 관계로 지역 주민들 사이에서 왜인의 자녀[倭産]가 많이 태어나고 있었던 것이다. 비변사 관원은 서북 지역에서 호인胡人과 교간하여 태어난 이들이 나라의 기밀이나 중요한 사항을 외부에 알려주는 상황이 발생하는 것과 마찬가지로 왜인과 교간하여 낳은 이들이 일본을 위한 정보 제공자의 역할 가능성에 대해 우려하고 있는 것이다. 숙종 36년(1710) 동래부사東萊府使 권이진權以鎭은 이러한 상황을 심각하게 인식하여 대비책의 수립을 촉구하였다. 그가 올린 장계狀啓 내용을 살펴보자.

> 역관譯官이 초량촌草梁村 안에 살고 있는데, 왜인倭人이 약조約條로써 훈도訓導·별차別差의 집에 왕래를 허용하였다고 하여, 온종일 계속해서 모두가 민가民家에 있으면서 밤낮으로 함께 거처하고, 혹은 남편이 외출하고 없는데도 홀로 부녀자와 상대하여 정의情義가 지극히 친밀하고 있는 것 없는 것을 함께 통용합니다. 그리고 역관은 피접避接을 핑계하여 각각 여염집을 차지한 채 왜인과 서로 접하니, 거처하는 공

청公廳은 황폐된 지 날이 오래 되었습니다. 청컨대 왜인으로 신촌新村에 몰래 오는 자를 각별히 엄금嚴禁하고 약조에 의거하여 붙잡아 관수館守에게 보내어 죄를 다스리게 하되, 접촉한 주인도 잠상潛商의 율律을 시행하고 곧 관官에 고발한 자는 그 죄를 사면해 주며, 왜인을 몰래 접촉하다가 발각된 자는 통統 안의 네 집도 중하게 구문究問하소서. 왜인이 새로 설치한 문으로 나갈 경우에는 그 문지기를 연좌連坐하고, 다른 곳에서 담장을 넘어올 때에 즉시 발각되지 않았어도 도장都將 이하 역관을 연좌하소서. 사고가 있어 옮길 곳이 없는 자는 도로 부내府內에 살게 하되 사사로이 여염집을 차지하지 못하게 하며, 역관이 왜관倭館에 출입하거나 왜인이 훈도·별차의 집에 나올 경우에는 반드시 2원員을 갖추어 주고 혼자 대면對面하지 못하게 하소서.[89]

상기 인용문에는 조선인과 일본인의 불법적인 관계를 맺고 있는 정황과 이를 엄격히 단속하기 위한 조치들이 기술되어 있다. 그 내용에 따르면 조선인 역관이 초량촌에 살면서 일본인과 약속을 맺고 훈도·별차의 집에 자유롭게 왕래할 수 있게 됨에 따라 이들이 민가에 드나들며 부녀자와 함께 생활하거나, 남편이 외출한 사이에 부녀자와 지나치게 친밀한 관계를 맺고 있었음을 알 수 있다. 권이진은 이러한 불법적 관계를 차단하기 위해 역관이 왜관에 출입하거나 왜인과 접촉할 때는 반드시 두 명 이상의 인원이 동행해야 하며, 단독으로 대면하지 못하도록 할 것을 청하고 있는 것이다.

실제 권이진은 일본인의 난출과 그로 인한 추가적인 문제의 발생을 차단하기 위해 왜관의 담장을 흙담에서 돌담으로 바꾸고, 왜관 밖에 설문設門을 설치하였다. 『증정교린지』의 기록에 따르면, 설문은 6칸이며, 담은 동쪽으로는 10여 보의 거리면 바다에 닿고, 서쪽으로는 수백 보의 거리면 산꼭대기에 이르고, 동래장교 1인, 통사通事 1인, 문직門直 1명이 수직守直하도록 하였다.[90] 권이진에 의해 설문이 설치되기 전에는 왜관 담장이 왜관을 내외로 구분하는 유일한 경계였으나, 왜관의 바깥문과 같은 설문이 설치됨에 따라 또 하나의 경계가 설치되었다. 권이진이 이와 같이 왜관 출입 통제 문제에 고심하였던 까닭은 숙종 33년(1707)에 발생한 초량촌의 조선 여인 감옥甘玉이 왜관에 몰래 들어가 일본인 백수원칠白水源七과 매춘을 행한 사건이 직접적인 계기가 되었다. 이 사건은 권이진이 동래 부사로 부임하기 이전에 발생한 사안이었지만 권이진은 다섯 차례나 장계를 올릴 정도로 이 문제 해결에 주력하였다. 『변례집요』와 『숙종실록』에는 이와 관련한 기사가 여러 편 확인된다.

A. 기축년(1709, 숙종 35) 4월. 동래부사 권이진 때이다. "도해역관 최상집崔尙㠎 등의 수본을 보니, 대마도 왜인이 언천대彦千代의 도서圖書를 요청해 얻는 일을 누차 말하였다고 하였습니다. 그런데 조정에서 교간交奸한 왜인을 동률同律[사형]로 처벌하는 일로 대마도주에게 서계를 보냈는데 받지 않고 되돌려보내 이미 무한한 치욕을 받았으니, 언천대의 도서에 관한 일은 결코 전례에 비추어 시행할 수 없습니다. 특별히 엄하게 꾸짖어 다시 입에 담지 못하게 하는 것은 사체事體로 보아 그만둘 수 없는 일인 것 같습니다."라고 장계하였다. 회계하기를, "도서에 관한 일은 본래 규정 이외의 것으로 결코 시행을 허락할 수 없는 것이니, 더욱 엄하게 꾸짖어 그들로 하여금 다시는 요청하지 못하도록 하십시오." 하였다. 언천대는 바로 대마도주 의방義方의 아들이다.[91]

B. 바다를 건너갔던 역관譯官 최상집崔尙㠎·한중억韓重億 등이 대마도에서 돌아왔다. 당초에 최상집 등이 대마도에 가서 예조의 서계書契를 왜인에게 주자, 왜인들이 그 서계에 간사한 왜인을 감률勘律하는 일을 말한 것임을 알

아차리고서 핑계하기를, "이 서계를 받으면 반드시 강호江戶의 책망을 받게 될 것이다." 하며, 끝내 받아 보지 않으므로, 단지 간사한 왜인 백수원칠白水源七이란 사람을 호행護行한 재판선裁判船에 잡아다 돌려주기만 하고, 최상집 등이 드디어 도로 서계를 가지고 왔다. 동래 부사 권이진이 치계馳啓하여 최상집 등이 나라를 욕되게 한 죄를 다스리기를 청하니, 묘당廟堂과 의논하여 먼 변방에 정배定配하도록 명하였다.[92]

C. 숙종 37년 신묘에 통신사가 갔을 때에 왜인의 잠간潛奸에 대한 법을 정하였다.

> 왜관의 왜인이 왜관 밖으로 나와 강간하는 자는 일죄로 처단한다. ○ 화간和奸이나 강간을 하려다가 이루지 못한 자는 영원히 귀양보내고, 여인이 스스로 왜관에 들어가서 음간淫奸한 자는 그 다음 법률로 시행한다. 숙종 33년 정해에 초량촌草梁村의 여자가 왜관의 왜인과 간통한 일이 있었는데 촌녀는 우리나라에서 효시하고, 범한 왜인은 그들로 하여금 같은 법으로 다스리도록 여러 해 동안 서로 다투고 고집하였는데, 신묘년 통신사가 갔을 때에 이르러 약조를 정하였다.[93]

왜관과 관련된 행정의 총책임자였던 동래부사 권이진이 끈질기게 이 사건의 처리를 고수한 결과 예조는 통신사를 통해 이 사안을 직접 처리하기에 이르렀다. 이를 계기로 하여 왜인과 조선인이 몰래 교간하는 행위에 대한 처벌 규정이 마련되었으나 이후에도 이와 같은 매춘 행위는 근절되지 않았던 것으로 보인다. 관련하여 정조 11년(1787) 1월의 『비변사등록』 기사를 한 건 살펴보자.

동래 부사 민태혁閔台爀의 장계를 보면 왜관倭館의 행간죄인行奸罪人 등의 초사를 하나하나 들며, 지금 이 죄녀罪女 서일월徐一月은 비록 그릇 고갑산高甲山의 유인을 받았다고 공초供招하였으나 그 후 왕래가 3-4차례나 되고 또 혹 은밀히 들어갈 꾀를 내어 앞뒤 호응하며 난만히 행간行奸을 하였으니 율律에 따라 죄에 해당하여 용서하기 어렵습니다. 『대전통편大典通編』의 왜관금조倭館禁條를 상고하면, 유인된 여자가 은밀히 들어가 행간한 조항에 여인女人의 경우 장杖 1백에 도배徒配한다고 되어 있고, 유간誘奸과 화간和奸의 구별은 없습니다. 서일월의 근각根脚을 초사招辭 받을 수 없으니 그 죄상을 묘당에서 품처하게 하소서. 하였습니다. 그리고 고갑산高甲山은 처음에는 우리나라 사람을 만나게 하여 근거 없는 말로 유인하였고 마침내는 지사指使하여 왜관에 보냈으니 이른바 우두머리로 꾸민 자로서 여러 죄인의 와주窩主라 하겠고 이이량李以良은 처음에는 비록 고갑산의 사환使喚이었으나 이 뒤 재범再犯한 데에는 그가 주장했으니 가벼운 죄에 붙여서는 옳지 않습니다. 김아지金阿只·노미老味는 비록 고갑산과는 의부자義父子의 정의가 있으나 고갑산이 사죄死罪를 범한 것을 알았고 마침내는 또 직접 범하기를 이이량처럼 하였으니 그 범한 바는 처음부터 다른 것이 없습니다. 그리고 유한일劉漢日이 유독 재범을 하지 않아 비록 조금 가벼우나 사죄에 해당함은 매일반입니다. 고갑산·이이량·김아지·노미·전고불이田古不伊·유한일 등은 모두 근각根脚을 초사 받아 처분을 기다리고 백상우白尙右는 처음에 아이로서 배의 후한 삯을 탐하여 비록 살기 어려운 죄를 법하였으나 왜관에 들어가지 않았고 또 부동符同한 행적도 없으니 가볍게 하는 은전恩典이 있어야 옳겠으나 감히 마음대로 할 수 없으니 묘당에서 품처하게 하소서. 포고인捕告人 장응제張應悌는 규정에 의하여 시상施賞하도록 해조에서 예에 의하여 품처하게 하소서. 변경의 문에 금령禁令을 설치한 것은 관계가 어떠합니까? 그런데 근래에 와서 법과 기강이 해이되어 살인사건과 잠간潛奸하는 변이 두어 달 안에

연속이 되었으니 듣기에 매우 놀랍습니다. 대체로 이 서일월徐一月이 난만히 잠간한 정상과 고갑산高甲山 등이 뇌물을 받고 유인한 행적은 남김없이 드러나 본부本府의 사계査啓는 이미 단안斷案이 되었습니다. 지금 별도 다시 규명할 실마리가 없고 다만 율문律文에 의하여 경중에 따라 처벌해야 하겠습니다. 삼가 『대전통편』 금제조禁制條를 상고하면 '왜인에게 뇌물을 받고 여자를 유인해서 은밀히 들여보내 행간行奸을 한 자는 참斬'이라 하였고 주注에 '그 여인은 장 1백에 도배徒配한다'로 되어 있습니다. 대체로 여인은 천성이 비록 음淫을 좋아하나 그 가운데 유인하는 사람이 없다면 문을 설치하고 엄금하는 곳에 결코 담을 넘어서 따를 리가 없기 때문입니다. 서일월이 왜한倭漢과 잠간潛奸한 일이 자그마치 5인에 달하니 그 소위를 생각하면 만 번 죽여 아까울 것이 없습니다. 그러나 『속전續典』을 제정한 후에 융통한다는 것은 감히 논할 수 없습니다. 정情은 비록 통탄스러우나 법은 사실 흔들기 어렵습니다. 고갑산 등 5인은 초범 재범을 막론하고 모두 사죄에 해당하니 변방의 문을 숙정肅靖하는 방도에 있어 모두 효시梟示해야만 하겠으나 대벽大辟에 관계되면 수범首犯과 종범從犯이 구분되어야 하고 그 근본을 문란시킨 원인을 논하면 하나도 고갑산이요, 둘도 고갑산이며 이이량·김아지·노미는 중간에서 설계設計한 것을 논할 것 없이 오로지 고갑산의 조종에서 말미암았으니 그 수종隨從임은 명백하여 의심이 없습니다. 전고불이와 유한일은 이미 직접 범하였으니 사리로 보아 용서될 수 없습니다. 그러나 이는 고갑산으로부터 듣고 보았고, 고갑산으로부터 전해 받았으니 종범으로 단죄하면 역시 실형失刑에는 이르지 않겠습니다. 백상우白尙右는 왜관에 들어간 사실이 없고 또 동정한 행적도 없으며 이는 뱃삯을 받고 왕래한 것에 지나지 않으니 유경惟輕을 참작하더라도 불가할 것이 없습니다. 죄인 서일월은 법전에 의하여 장 1백을 집행하고 도徒 3년에 정배하고 고갑산은 좌수사左水使에게 군위軍威를 크게 펴고 관문館門 밖에 효시梟示하게 할 것이며 이이량·김아지·노미·전고불이·유한일 등은 모두 각별히 엄형嚴刑 3차하고 죽음에서 면하게 하여 멀리 정배하고 백상우는 엄형하여 방송할 것이며 포착인捕捉人의 시상은 해조에서 예를 상고하여 시행하고 교간交奸한 왜倭 5인 가운데 붙들지 못한 1인도 같이 묶어 보내라고 역시 동래부에서 엄중한 말로 관수왜館守倭에게 꾸짖어 지연시키는 일이 없게

하라고 일체 분부하는 것이 어떻겠습니까?" 하니, 계하하기를 "회계回啓한 대로 시행하라." 하였다.[94]

정조 11년(1787) 동래부사 민태혁이 적발하여 처리한 사건은 고갑산高甲山이라는 조선인이 일본인에게 뇌물을 받고 조선 여인들을 유인하여 왜관 안에서 교간하도록 한 사건이었다. 앞서 권이진이 처리하였던 교간 사건보다 더욱 대담한 수법으로 계획적인 매춘 행위가 이루어졌던 정황을 통해 조선인과 일본인의 불법 접촉에 대한 강력한 처벌을 통해서도 왜관을 둘러싼 범죄 행위를 근절하기가 쉽지 않았음을 알 수 있다. 이와 같은 상황은 19세기 중반 철종 연간에 이르기까지도 답습되고 있었음을 아래의 기록이 증언하고 있다.

> A. 동래부사 김석金鉐의 장계를 보니, 훈도訓導와 별차別差 등의 수본手本을 하나하나 들며 '왜관倭館의 수문직守門直 김용옥金用玉, 신초량리新草梁里에 사는 이문주李文周 등이 퇴비退婢 금홍錦紅을 데리고 왜관 안에 몰래 들어가 왜倭와 간통한 뒤에 복병장伏兵將에게 잡혔다고 합니다. 따라서 두 놈과 한 계집을 즉시 잡아와서 엄중하게 조사하였더니, 김용옥은 본디 간악한 무리로 문지기에게 의

탁하여 우리나라 사람을 알선하여 간통하게 하였으니 그가 실로 자복한 것입니다. 이문주는 용옥이 꾀는 말을 달게 듣고는 끝내 곁에서 거드는 죄를 지었습니다. 금홍은 전후의 공초供招에서 저들의 꼬임에 속았다고 한결같이 미루고 있습니다. 지금 여기 세 죄수의 죄상은 사형에 해당되므로 묘당에서 품처하게 하고, 간통을 범한 왜는 포박하여 대마도로 보내 율에 따라 감처하도록 관수왜館守倭에게 책유責諭하며, 죄인을 잡아 고발한 사람은 몰래 들어갈 때 적발하지 못하였으므로 상전賞典을 감히 청하지 못하고 직무를 소홀히 한 죄를 감처勘處하기를 황공히 기다립니다.' 하였습니다. 변경의 관문을 지키는 것이 근래에 더욱 형편없이 해이해져서 뜻밖의 일이 생기기까지 하였으니 극히 해괴하고 한탄스럽습니다. 왜관에 함부로 들어가는 것도 오히려 중률重律에 해당되는데 더구나 이런 화간和姦의 변이겠습니까? 여러 사람의 공초에서 죄를 승복하여 사헌부의 계사啓辭가 이미 입철入徹되었습니다. 여자를 유인하여 몰래 들어가 간통을 한 자 및 그 여자에 대해 원래부터 정해진 죄명은 법전에 밝게 실려 있어 올리거나 내릴 수 없습니다. 전에 안행按行한 예에 따라 유인한 죄인 김용옥은 좌수사에게 군위軍威를 벌여놓고 왜관 관문 밖에서 효시梟示하게 하여 변경의 단속을 엄숙하게 하고 난민亂民을 징계하는 기반으로 삼고, 이문주는 그가 유인하는 말을 듣고 스스로 곁에서 거드는 죄를 지었으므로 법전에 의거하여 감등減等하는 율에 따라 본도에서 엄하게 형신하여 도배島配하게 하고, 몰래 간통한 계집 금홍은 법전에 의거하여 장일백杖一百 도삼년徒三年으로 정배定配하소서. 문을 세워 지키는 것이 얼마나 중요합니까? 평소에 진실로 엄하게 단속하여 살폈다면 어떻게 이렇게 몰래 들어갈 계책을 꾀하였겠습니까? 동래부사 김석과 부산첨사 장창환張昌煥은 도신의 장계에서 이미 먼저 파직한 뒤에 나문하는 형전을 청하였으므로 이에 따라 시행하고, 훈도와 별차는 본부에서 무겁게 죄를 다스리게 하며, 잡아다가 고발한 사람은 앞에서는 놓쳤으나 나중에 잡았으니 공이 죄보다 많습니다. 해조에서 규례를 상고하여 시상하게 하는 것이 어떻겠습니까?"하니, 윤허한다고 답하였다.[95]

B. 삼가 전교 내의 뜻을 받들어 본부의 왜관에 잠입할 때 따라갔던 죄인 이문주는 일차 엄형을 가하여 전라도全羅道 나주羅州 지도智島로 정배하고, 왜인과 통간한 죄인 퇴비 금홍은 곤장 100대의 1차 형벌을 한 뒤 3년의 도형으로 평안도 양덕현에 정배한다고 각 해당 도에 이문을 만들어 보내었으니, 관문이 도착한 즉시 관속을 정하여 각기 그들을 배소配所로 압송한 뒤, 교부交付한 문서를 형조刑曹에 고환考還하고, 위에 올려 보낼 추안推案을 두 개 성책하여 보고함이 의당함.[96]

이처럼 인간의 기본적인 욕망과 관련된 범죄 사건은 책임 관원의 관심과 노력, 강력한 통제와 처벌을 통해서도 원천적으로 차단하기가 쉽지 않았다. 이는 북변 접경 지역의 변인들이 각종 생활고 속에서 생존을 위해 월경을 택할 수밖에 없었던 사건과 본질적으로는 동일한 현상이었다. 관리와 통제의 대상이 분명하게 식별되고, 심지어 높은 돌담으로 울타리를 쳐 놓았음에도 담장 너머를 바라보는 인간의 시선은 그만큼 강렬하였던 것이다.

◈ 나오는 말

 필자는 조선시대 접경 지역에서 활동한 관원들의 기록을 통해 그 지역의 관민이 경험한 일상생활의 단면을 들여다보고자 했다. 이러한 고찰은 단순한 사실의 나열을 넘어, 서로 다른 경계가 맞닿고 마찰하는 시공간 속에서 표출된 갈등과 그 이면에 자리한 역사적·사회적 맥락을 분석하는 데 목적이 있다. 나아가, 이 같은 갈등의 양상과 그 속성 속에서 당대의 역사적 배경, 문화적 특질, 사회 구조의 본질을 추출하고자 하였다.

 이를 위해 필자는 조선을 둘러싼 이웃 국가와의 경계, 그중에서도 압록강과 두만강 유역을 중심으로 한 북변 지역과 왜관을 둘러싼 남변 접경 지역에 주목했다. 북변은 국가의 행정력이 말단까지 온전히 미치지 못하는 광활한 공간으로, 그 통제와 단속에는 본질적인 한계가 존재했다. 경계선이 불분명하고 지리적으로 방대한 이 지역에서 관원들의 일상은 끊임없이 외부의 침해와 마찰에 노출되어 있었으며, 이러한 특성은 접경 지역 갈등의 중요한 원인으로 작용했다.

인간의 본능적 욕망과 연결된 범죄는 관원의 감시와 강력한 통제에도 불구하고 쉽게 억제되지 않았다. 이러한 양상은 남변의 접경 지역에서도 유사하게 나타났다. 이곳은 물리적 경계를 명확히 구분하고 높은 담장으로 구획되었음에도 불구하고, 경계 너머를 향한 인간의 욕망은 여전히 강렬하게 작동했다. 이는 강고한 관리 체계와 철저한 통제 장치로도 인간 본성의 근원적 욕구를 완전히 억누를 수 없음을 보여준다.

  결국, 접경 지역에서 살아가는 사람들은 이러한 불가피한 갈등과 긴장 속에서 일상을 영위해야 했다. 그들의 삶은 경계라는 물리적 한계뿐만 아니라, 통제와 자유, 질서와 혼돈이라는 이중적 긴장 속에서 형성된 필연적 고난의 서사였다.

◈ 주석

들어가는 말

1 여기서 '접경'은 국가 간의 경계가 연접하는 외적 경계[外境]뿐만 아니라, 조선 후기 사회 내의 각종 사회문화적 갈등 관계가 표출하는 내적 경계[內境]까지도 포괄하는, 유무형의 경계가 대척하는 공간을 지칭한다.

2 한성주, 「조선시대 접경공간의 시대적 변동양상 연구-압록강·두만강 유역을 중심으로-」, 『중앙사론』 50, 중앙대학교 중앙사학연구소, 2019.

1. 북변 접경 지역의 갈등 사례
 : 불분명한 경계, 침해받는 일상

3 김진곤은 박사학위논문 제4장에서 조선 전기 요동지역의 동향 및 월경민의 통제 문제와 관련한 내용을 상세하게 소개하고 있어 좋은 참고가 된다. 김진곤, 『高麗-朝鮮前期 '邊境' 政策 硏究』, 서울시립대학교, 2023.

4 김진곤, 위의 글, 2023, 150-157쪽.

5 『성종실록』 권39, 성종 5년 2월 7일 임술, "御經筵. 講訖, 執義玄碩圭啓曰, 平安道境連上國, 赴京使臣, 路必由此, 迎送之弊, 不可勝言. 爲通事, 押物者, 務欲商販, 多齎貨物, 使與書狀官不能禁抑, 而爲使者, 往往反與之同心牟利, 其轉輸貨物之際, 馬之僵斃者, 相望於路. 聖節, 正朝, 謝恩之使, 無歲無之, 而買馬駄載, 産業蕩然, 民不能支, 潛投遼東地面者, 亦多有之, 民丁日削, 而國家不之知, 此非細故. 請別遣臺官糾察, 則平安之民, 庶可蘇矣." 한편, 조선 전

기 사신 호송군 제도 운영 및 그 영향에 관한 내용은 구도영, 「조선 전기 對明 使行 護送軍 제도와 운영」, 『인문과학연구』 50, 대구가톨릭대학교 인문과학연구소, 2016; 구도영, 「조선 전기 요동에서 사행使行 호송군護送軍의 역할과 국제무역의 경계」, 『東北亞歷史論叢』 58, 동북아역사재단, 2017; 권내현, 「조선 전기 對明使行과 平安道의 護送·運送 부담」, 『사총』 106, 고려대학교 역사연구소, 2022 등 연구를 참고할 수 있다.

6 『중종실록』 권21, 중종 9년 10월 13일 임인, "菁陽君 柳繼宗書啓曰, 兵之强弱, 在於將帥撫恤士卒何如耳. 今之邊將, 間有貪婪之輩, 濫用刑杖, 侵虐軍卒, 徵斂無藝, 而軍卒不勝其苦, 軍裝馬匹, 盡賣贖罪. 以此, 兵力日就凋殘, 誠爲可慮."

7 『성종실록』 권230, 성종 20년 7월 8일 갑자.

8 『연산군일기』 권36, 연산군 6년 2월 12일 병신.

9 『중종실록』 권21, 중종 9년 10월 13일 임인, "工曹參判柳湄書啓曰, (중략) 平安道 義州越邊, 中朝之民, 占地耕墾, 偏戶齒排, 浸及江堧, 事關利害, 不可不慮. 又當江水凍合, 陸行自便, 無知邊氓, 日就逃入, 旣無關隘之設, 易受敵人之侮. 臣愚以謂, 州城須當退築, 量發三浦水軍, 年年加築, 作爲關塞, 則邊城有截截之險, 人物無潛通之弊. (중략) 平安道節度使黃衡書啓曰, (중략) 民者, 邦之本也. 邊民長在軍門, 守護, 體探之勞, 坐更誰何之苦, 其勞苦倍他. 而旣被本鎭之役, 又被巨鎭之役, 力不能支, 逃散者多."

10 『명종실록』 권24, 명종 13년 5월 3일 경술.

11 현재의 중국 요녕성遼寧省 금주시錦州市 북진北鎭 지역.

12 『명종실록』권24, 명종 13년 5월 24일 신미.

13 許鋚, 『하곡선생조천기荷谷先生朝天記』 7月 5日, "朝歷來遠潮溝平句等鋪火燒橋, 至制勝鋪. 鋪舊繁庶, 丁巳年爲達子所陷, 今則只有人家數四. (중략) 抵東岳廟. 人言頃在六七年前, 達子焚蕩而去, 兵火之後, 只有破屋歸然而已. 像設毀落, 蒿萊遍生, 愴然有舊國遺墟之思."

14 이 표는 국사편찬위원회, 『한국사론 34-한국사의 전개과정과 영토』, 2002에 수록된 「조선후기 한인의 북방이주와 만주개척」 제2장 '조·청 양국의 守邊政策과 한인의 '犯越''에서 인용하여 부분적으로 수정하였음.

15 『동문휘고同文彙考』原編 卷49, 犯越 1, 我國人, 順治 10年 4月 26日, 「刑部知會犯人減等疎防官寬免咨」.

16 『숙종실록』권16, 숙종 11년 11월 10일 병인.

17 『동문휘고』原編, 卷49, 犯越1, 我國人, 順治 10年 7月 27日, 「謝停勅表」.

18 『인조실록』권31, 인조 13년 11월 20일 병인.

19 이하 청나라의 만주 지역 봉금에 관한 내용은 국사편찬위원회, 『한국사론 34-한국사의 전개과정과 영토』에 수록된 「조선후기 한인의 북방이주와 만주개척」 제2장 '조·청 양국의 守邊政策과 한인의 '犯越'' 사례를 참조하여 정리하였다.

20 조선 후기의 범월 문제와 관련한 설명은 다음의 연구들에 상세하다. 김혜자, 「朝鮮後期 北邊越境問題 硏究」, 『이대사원』 18·19합집, 이화여자대학교 사학회, 1982; 정혜중, 「청대 조선인과 청국인 범월의 특징 : 양국 범월사례의 분석을 중심으로」, 『명청사연구』 26, 명청사학회, 2006; 이화자, 『朝淸國境問題硏究』, 집문당, 2008; 서인범, 「조선시대 승려들의 압록강 越境事件」, 『한국사상과 문화』, 한국사상문화학회, 2010; 남이슬, 「康熙年間 淸國人의 海洋犯越과 朝·淸 양국의 대응」, 『명청사연구』 44, 명청사학회,

2015; 임현채, 『18세기 犯越사건을 통해 본 朝鮮의 對淸 태도』, 서강대학교 석사학위논문, 2016.

21 『동문휘고』 原編 卷50, 犯越 2 我國人, 康熙 19年 7月 28日, 「遣官確審定罪勅」.

22 『동문휘고』 原編 卷41, 飭諭, 康熙 21年 10月 8日, 「禮部知會奏文違式罰銀咨」.

23 『동문휘고』 原編 卷41, 飭諭, 康熙21年 10月 21日, 「進罰銀咨」.

24 『동문휘고』 原編 卷51, 犯越 3 我國人, 康熙 24年 9月 29日.

25 『동문휘고』 原編 卷51, 犯越 3 我國人, 康熙 24年 10月 6日.

26 『성조인황제실록聖祖仁皇帝實錄』 卷125 康熙25年 4月 5日, "朝鮮國王李焞疏言, 臣忝守外藩, 奉職無狀. 從前邊民, 屢越疆界, 觸犯憲典. 輒蒙恩宥. 恒懷感懼, 時加嚴飭. 不意邊地奸民, 見利忘生. 冒禁採參, 其罪已不容誅, 況將繪畫輿圖官役, 放鎗傷害. 致煩遣官降勅, 嚴加警責. 臣惶恐震越, 無地自容. 謹遵旨會同勅使, 將各犯韓得完等二十八名, 嚴行鞫訊, 幷按律擬罪. 恭候. 聖裁. 得旨, 三法司核擬具奏."; 『숙종실록』 16권, 숙종 11년 11월 13일 기사, "引見大臣備局諸臣. 領議政金壽恒曰, 勅書末端所謂着終保等, 一幷察議以聞云者, 明是指斥上躬也. 上曰, 豈欲罰金之意耶. 左議政南九萬曰, 察議云者, 似以國王爲有罪, 而使之察議之意也. 抑或令終保等, 與國王同爲商議勘罪之意耶."

27 『숙종실록』 권16, 숙종 11년 11월 18일 갑술, "時上有微恙在調攝中, 送左議政南九萬于勅使處, 言其不得郊迎之故."; 『숙종실록』 권16, 숙종 11년 11월 20일 병자, "南九萬馳往坡州, 以勿許郊迎事, 屢請於勅使, 而終不許. 更遣右議政鄭載嵩再三力請, 勅使始許以便殿受勅."

28 『숙종실록』 권16, 숙종 11년 11월 21일 정축, "上接見勅使于熙政堂. 始上

加冠帶, 通堂室出坐. 遠接使尹堦請對, 以爲, 自上若如此, 則勑輩必疑其不甚病, 以不爲郊迎爲怒. 須於室中擁衾以見. 上遂入處室中, 傍置寢具以見. 室中幽暗, 胡差輩自外遽入, 不能辨物, 上先已在室中, 故看過勑書, 而胡差輩疑其不肯細看, 通官輩頗有呵詰之言, 遂呼燭而至, 都承旨更進勑書. 其間擧措頗顚倒, 我國之不能先事應卒, 類如此."

29 이 사건의 자세한 경과는 『同文彙考』原編 卷51, 犯越 3 我國人, 康熙 24年 9月 29日 「禮部知會犯越人等嚴査候審咨」 이하 관련 문건 및 구범진·배우성 역, 『국역『同文彙考』犯越 史料 1』(동북아역사재단, 2008) 429-484쪽 참조.

30 이재경, 「大淸帝國體制内 조선국왕의 법적 위상—국왕에 대한 議處·罰銀을 중심으로—」, 『민족문화연구』 83, 고려대학교 민족문화연구원, 2019, 413쪽 참조.

31 『숙종실록』 권16, 숙종 11년 12월 1일 정해.

32 『성조인황제실록』 卷125, 康熙 25年 4月 29日, "禮部題, 頃朝鮮國陪臣鄭載嵩等, 以察議奸民韓得完一案, 為伊國王辨冤, 具呈臣部. 臣查朝鮮僻處東服, 蕞爾一隅. 當念累朝興復殊恩, 撫循至德, 恪守藩翰, 庶免隕越. 顧其君懦弱. 其臣恣肆. 積有重愆, 應加嚴治. 皇上憫其狂愚, 悉從矜宥. 去年更有奸民韓得完等, 違禁採參, 擅放鳥鎗, 殺傷官役一案. 皇上始遣大臣嚴訊. 猶念小民犯法, 其主或未之知. 僅以約束不嚴, 罰鍰示警. 乃陪臣鄭載嵩, 妄為其主求寬, 無禮已甚,. 臣等詳閱情詞. 指摘謬戾, 不止一端. 濫引經史, 尤多狂悖. 果有冤抑. 該王分屬外臣, 應上章自明, 乞哀祈請. 豈有么麼卑賤, 不告其君, 而輕弄筆端, 橫開禍始. 法在有司, 必無可赦. 相應將鄭載嵩等, 嚴拏, 發與該國王, 從重治罪. 并將此情, 一一傳與該國王知悉. 得旨, 鄭載嵩等, 免其嚴拏, 餘依議."

33 『숙종실록』 권17, 숙종 12년 윤4월 29일 임오, "命招時任原任大臣引見, 示

陳奏使鄭載嵩等狀啓別單曰, 其訴責絕悖之言, 實丙子以後所未有之辱也. 蓋使臣鄭載嵩等, 聞有罰金之辱, 呈文禮部, 禮部題本, 以不啓國王, 妄先呈文, 爲罪入奏, 胡皇怒未已, 禮部侍郞赦哈, 告其皇帝曰, 朝鮮使臣負罪, 雖不須賞, 其餘正官等, 似當依例接待. 胡皇大怒, 曳下責之, 革職黜送云."

34 『동문휘고』原編 卷51, 犯越 3 我國人, 康熙 25年 閏4月 3日, 「禮部知會呈文陪臣免嚴拿發與該國治罪咨」, "顧乃其君昏懦, 其臣恣肆, 玩惕驕惰, 習以成風, 棄禮忘恩, 非惟一事. 臣等每聞使臣至彼, 不遵先年所定儀注, 其國王或迎而不見, 或偃蹇不迎, 天威咫尺之義, 謂之何哉. 往者陪臣來京, 違禁私購野史, 以有癸亥年伊國廢立始末, 妄請刪改, 宴賞之際, 肆厥狂言. … 方我國家小醜未靖, 興師征討之時, 復騁浮詞, 瞯我虛實, 其心尙可問乎. 夫貌信使而不見, 至無禮也. … 皇上始遣大臣, 會同嚴訊違禁奸人, 從重擬罪, 國王一幷察議. 猶念小民犯法, 其主或未之知, 僅以約束不嚴, 罰鍰示警. 乃鄭載嵩等猥賤陪臣, 輒妄爲其主求寬, 擅具呈部, 無禮已甚. 臣等詳閱, 其詞無知虛誕, 文理荒昧, 背經拂義. 徒欲矜其蛙聲, 以驕語國人, 而不自知其鄙倍, 至於此極也."

35 『동문휘고』原編 卷51, 犯越 3 我國人, 康熙 25年 閏4月 3日, 「禮部知會呈文陪臣免嚴拿發與該國治罪咨」, "… 皆由其國主弱臣强, 已非一日. 若非我朝屢爲護持, 不知幾經簒竊."

36 『숙종실록』 권17, 숙종 12년 윤4월 29일 임오.

37 김선민, 「18세기 후반 청-조선의 범월문제와 경계관리: 金順丁·朴厚贊 사건을 중심으로」, 『민족문화연구』 72, 고려대학교 민족문화연구원, 2016, 104-105쪽 참조.

38 『숙종실록』 권16, 숙종 11년 12월 1일 정해, "上曰, 韓得完等六人, 厥罪最重, 勘以何律. 虜使曰, 得完等旣敢犯越, 傷害上國人, 罪固重矣. 其餘犯越者, 皆畏死罪也. 上曰, 小邦之法, 凡係犯越, 皆是死罪, 況傷害大國人乎. 虜使曰,

此則固當死, 而死罪之外, 又有何等之律乎. 上曰, 如欲加律, 則有緣坐籍沒等法矣. 虞使曰, 然則韓得完等六人, 用加重之律, 其餘竝只以死罪論之可矣. 上曰, 僉使趙之瑗旣自殺, 郡守是地方官當用何律. 虞使曰, 國王之意何如. 上曰, 三水郡守雖無知情之事, 旣不能禁戢奸民, 致令生變, 當斷以死罪."

39 이 표는 『한국사론 34-한국사의 전개과정과 영토』(국사편찬위원회, 2002)에 수록된 「조선후기 한인의 북방이주와 만주개척」 제2장 '조·청 양국의 守邊政策과 한인의 '犯越''에서 인용하여 부분적으로 수정하였음.

40 『동문휘고』原編, 58卷, 犯越 10, 我國人, 乾隆 26年 12月 23日, 「馳報三水民犯越咨」, "朝鮮國王, 爲 邊民犯越, 不勝驚惶, 一邊嚴査, 爲先馳報事. 乾隆二十六年十月二十六日, 據咸鏡道節度使洪泰斗馳啓. 節該. 本道連歲饑荒之餘, 人心日盆巧惡, 邊禁一節, 尤宜嚴飭, 發遣將校, 廉探江邊事情. 則三水府加乙坡鎭奸民金順丁, 金允丁, 金儀良, 金成悅, 金成協, 崔盇三, 李元三等, 出沒江邊, 行止極爲殊常. 多發校卒, 刻期譏捕, 則金順丁等六人拿獲, 而李元三段先已逃躱, 不得同拿. 故將已拿諸人並皆牢囚嚴, 則互相推諉, 雖未及登時取服, 而其犯越情節自不得掩諱. 奸細輩不有法條, 作黨犯禁乃至於此, 已捕者連加刑訊, 期於輸情, 未捕者多般詗察, 期於斯得. 等因. 據此, 竊念小邦邊氓無狀, 種種生事, 前後犯越, 非止一再. 輒蒙皇朝寬貸, 使小邦得免大何. 感戴洪造, 盆加勉勵, 沿江紏檢, 不弛晝夜. 而猶慮其疏忽, 別定校卒, 更加不時伺察. 日夕兢畏, 恒若皇威之赫臨. 此固大國邊民之所共知也. 不料今者, 狐鼠輩冒觸邊禁又復如此, 此外無他奸犯亦未可必, 常時防束都歸墮壞, 惶媿震駴, 不知收措. 見方別遣近臣, 嚴行按治, 在逃奸民亦令嚴飭跟獲, 謹當俟畢覈, 具由續奏. 當該地方官及邊將, 一並監囚, 聽候勘斷. 而事係犯越, 不敢遲待究竟, 先差同知中樞府事邊憲, 齎咨星夜馳進. 爲此合行移咨, 煩乞貴部照詳轉奏施行. 云云."

41 『同文彙考』原編, 58卷, 犯越 10, 我國人, 乾隆 27年 9月 20日, 「禮部知會犯人着該國定擬咨」.

42 김순정 범월 사건과 관련한 설명은 주석 39번에서 소개한 김선민의 연구에 상세하게 수록되어 있다.

43 『영조실록』 권35, 영조 9년 7월 13일 임진.

44 『성종실록』 권116, 성종 11년 4월 26일 병자.

45 『성종실록』 권112, 성종 10년 12월 21일 임신, "御經筵. 講訖, 大司憲金良璥啓曰, 今西征事勢誠難, 第緣聖德, 幸成大功, 誰不欣賀. 然平安之民, 困敝稠重, 今戶曹受敎移文, 問民疾苦. 然臣意, 民之受實惠者, 莫如減田租, 縱不能盡蠲, 請減其半. 上嘉納曰, 卿言良是."

46 『경세유표』 권11, 지관, 수제.

47 『반계수록』 권3, 「전제후록」 상, 경비.

48 『연산군일기』 권49, 연산 9년 3월 12일 기묘.

49 위의 책, "萬有邊患則糧道無由可繼, 爲今之計, 莫急於屯田."

50 『태종실록』 권18, 태종 9년 11월 15일 계미.

51 『태종실록』 권17, 태종 9년 5월 3일 갑술.

52 『태종실록』 권18, 태종 9년 11월 18일 병술, "通事全義回自遼東曰, 遼人密言, 朝廷傳聞朝鮮起兵助韃靼, 故使壽來覘之. 入境便佯怒, 以察順逆."

53 『태종실록』 권16, 태종 8년 10월 17일 신묘.

54 『태종실록』 권18, 태종 9년 7월 17일 정해, "西北面都巡問使, 啓遼東軍人擾民之事. 啓曰, 去年十一月, 天使祁保迎逢遼東軍人, 乘夜散入民戶, 據給縣布, 奪牛一百十六隻, 馬八匹. 及過江之日, 經歷李漬告于天使, 俾還牛馬, 天使許之. 後遼東都司, 索其價布一千一百三十匹, 牛馬之主, 或見或隱."

55 『성종실록』 권213, 성종 19년 2월 29일 계해.

56 『성종실록』 권214, 성종 19년 3월 4일 무진

57 『성종실록』 권214, 성종 19년 3월 7일 신미.

58 『성종실록』 권214, 성종 19년 3월 10일 갑술.

59 『성종실록』 권214, 성종 19년 3월 10일 갑술.

60 『성종실록』 권214, 성종 19년 3월 13일 정축, "上遣右承旨李季男告天使曰, 詔, 勅久留草野, 於心未安. 當從大人之敎. 俄而季男回啓曰, 臣以上敎告天使, 天使頗有和色, 曰, 聞殿下多讀書知禮, 朝中大臣亦有知禮者矣. 迎詔, 勅兼行有前例, 殿下欲從前例, 是也, 今見儀註, 卽變而通之, 亦是也. 可謂賢王矣. 吾等奉詔書以入頒詔, 殿下受詔, 禮畢, 吾等還出, 殿下亦出, 乘馬導勅書以入, 受勅, 禮畢後, 行相會禮可也. 臣答曰, 殿下業已處之矣."

61 관련하여 이규철, 「조선 성종대 외교의례 변경에 대한 논의와 대명의식」, 『역사와 현실』 98, 역사비평, 2015; 최종석, 「鞠躬인가 五拜三叩頭인가?」, 『한국문화』 83, 서울대학교 규장각한국학연구원, 2018b; 최종석, 「가마를 탈 것인가 말을 탈 것인가? 조서와 칙서를 함께 맞이할 것인가 별도로 맞이할 것인가?-성종 19년 조선과 명 사신의 迎詔勅禮를 둘러싼 갈등과 그 성격-」, 『한국문화』 87, 서울대학교 규장각한국학연구원, 2019b 등 연구를 참고할 수 있다.

62 『효종실록』 권17, 효종 7년 12월 11일 갑신, "上御宣政殿, 初覆京外死. 領議政鄭太和曰, 淸人之開市於會寧者, 人馬之數, 逐年增加, 今年則馬畜, 至於八百有餘, 所索之鹽, 亦至於二千五百石. 不但目前難副, 日後之弊, 亦極可慮. 開市完了後, 例有移咨之擧, 請於咨文中, 竝及北路難支之狀, 使彼人知會. 上許之."

63 『영조실록』 권36, 영조 9년 10월 27일 을해.

64 김성희, 「耆隱 朴文秀의 위민활동과 그 의의」, 『사학연구』 96, 한국사학회, 2009.

65 『영조실록』 권112, 영조 45년 4월 5일 정사.

66 『북행수록北行隨錄』, 「北略擬議」下, 開市.

67 『북행수록』, 「北略擬議」下, 開市. "蓋此諸條弊端, 皆由於市, 而市不可罷則, 弊不必說矣. 然而會民徭役之繁, 徵斂之稠, 其情誠可矜矣. 市事卽, 年年課設之事則, 似若有規模之恒定, 而見其多弊皆從無規模中. 出來淸人, 先來渡江之後, 一府官屬, 城村居民, 擧皆遑遑擾擾奔走顚倒. 惟以滿日挨過爲主, 無一先事之備整. 而臨時猝辦隨事, 錯雜. 破東補西, 拔下撑上. 還渡之後, 自官及民視館舍與什物, 視若芭籬若認以, 明年則不復用, 弊, 安得不生, 而矯之亦何用哉. 以館舍言之, 一番堅實修改, 雖有目前倍費, 可至屢年安閑. 如什物馬槽等物, 若堅緻完造, 用後藏守勿失年年取用, 何至煩民, 不此之爲, 而每年改備. 雖使一有心之守令, 着力爲久圖之計, 來者又遺察飭則, 前功可惜. 且一經淸市之後, 皆以遞歸爲心無意於再經, 且再經者絶罕此所. 以規模尙不立也. 邑民之願則自前曰, 山初設邑時, 會寧四社地兩海津割給茂山. 今茂山則地廣戶多, 雖還此地, 可成府樣. 而此地於會則近, 於茂則遠, 社與海津竝還屬會寧以, 爲添力均役之地. 而疆界割屬事旣重大, 且四社民之添劫新役, 近於移疾, 恐不可行矣. 但就諸弊中, 如干條件之不可不, 少加變通處, 施行好矣."

68 오수창, 「18세기 영조·정조의 평안도에 대한 정책」, 『역사와 현실』 17, 한국역사연구회, 1995, 157-175쪽; 하명준, 『조선의 근대전환과 평안도 연구-평안도인의 정치·문화 운동』, 경인문화사, 2017, 75-92쪽 참조.

2. 남변 접경 지역의 갈등 사례
: 높은 담장, 그 너머를 바라보는 시선

69 이하 조선 전기 왜관의 성립과 변천 과정에 대한 개관은 장순순, 「朝鮮前期

倭館의 成立과 조·일 외교의 특질」, 『한일관계사연구』 15, 한일관계사학회, 2001b을 주로 참조하여 정리하였다.

70 『태종실록』 권14, 태종 7년 7월 27일 무인, "慶尙道兵馬節制使姜思德以各浦事宜上書, (중략) 一, 興利倭船, 於各浦散泊, 窺覘兵船虛實, 實爲未便. 前番都節制使報于議政府, 使於左右道都萬戶防禦之處到泊, (令)諸島倭船不能通知其故, 依前於各浦散泊. 乞通諭各島, 渠首行狀成給, 使於都萬戶在處到泊, 以防詐僞, 以一體統."

71 『태종실록』 권35, 태종 18년 3월 2일 임자.

72 『세종실록』 권31, 세종 8년 1월 18일 계축, "對馬島 左衛門大郞, 使三未三甫羅來朝, 奉書于禮曹曰, 本島無田地, 請給巨濟島農田一區, 使人耕稼資生. 且商泊只許乃而浦, 富山浦兩處, 到泊販賣, 請通泊左右道各浦, 任意行販. 佐郞愼幾答書云. 諭給巨濟土地, 居民開墾已盡, 難以塞請. 兼諭商船往來處, 謹將轉啓, 在前來泊乃而, 富山兩浦外, 蔚山, 鹽浦, 亦許販賣. 惟照."

73 『세종실록』 권80, 세종 20년 1월 7일 임진.

74 『중종실록』 권11, 중종 5년 4월 8일 계사, "慶尙右道兵馬節度使金錫哲狀啓曰, 今四月初四日, 固城縣令尹孝聘, 熊川縣監韓倫, 軍器寺直長李海等來告曰, 薺浦恒居倭酋大趙馬道, 奴古守長等, 率倭四五千餘名, 着甲冑持弓箭槍劍防牌, 圍城焚蕩城底人家, 烟焰漲天, 將欲陷城, 尹孝聘等, 遣通事申自剛, 問其由, 倭賊答曰, 釜山浦僉使則煮鹽瓦, 督納吐木, 【炊爨所用雜木短截者, 俗謂之吐木.】 熊川縣監則一禁倭人興利, 倭料不以時給, 薺浦僉使則海採時, 不給射官, 又殺倭人四名, 故島主分遣兵船數百艘, 與此處及釜山浦等邊將相戰耳. 乃殺傷記官徐緝等三人. 康仲珍軍官文介甫言. 今月初四日, 倭人等毀城門突入, 射中僉使, 僉使未得運身. 吾乃射中倭人三名後, 城陷, 縋城逃來耳."

75 『중종실록』 권16, 중종 7년 9월 14일 을유, "禮曹移書於弸中曰, 朝鮮國禮

曹參議李玵, 奉書于日本國專使大人足下. 對馬島罪惡, 不可容貸, 特以貴國, 再勞信使, 請和懇至, 我殿下涵容至仁, 重違隣邦之請, 特許其和. 然其背恩肆毒之罪, 不宜盡原, 接待節目, 當裁損於舊. 大人已悉我國之意, 彼若徒聞許和之語, 不待約束節目, 而島主及受圖書受職者, 遽遣使船, 則無禮更甚, 勢難許待. 惟大人冉過對馬, 詳諭此意, 令島主姑先遣解事一人, 來聽我朝廷約束而去, 然後遣船通使, 以修朝聘之禮, 不勝幸甚."

76 『중종실록』 권102, 중종 39년 4월 17일 을유, "下慶尙道右兵使【金軾】啓本【今四月十二日寅時, 蛇梁鎭東江口, 倭船二十餘隻突入圍城, 倭人二百餘名自鎭後圍城, 良久接戰, 南隅擁城破毀. 時, 萬戶柳澤率軍官, 射殪倭人一名斬頭, 後巳時, 賊倭退走, 因海暗, 不能候望, 不知去處. 水軍一人逢劍而死, 十人逢箭致傷而生存. 倭人所遺棄, 弓十八丁, 兜子三具, 矢服十, 甲五, 長槍七, 大環刀一.】于政院曰, 近來昇平日久, 西方之事, 不至虛疎, 南方則無備如此, 予嘗憂之. 今者倭賊之勢, 將至於衝東擊西, 至爲可慮. 金軾當先送所斬倭馘及所獲弓劍等物, 而其軍人死傷之數與相戰節次, 隨後與水使【許碾】詳悉馳啓爲當, 而今啓本只如此, 亦誤矣. 且死傷之數至少, 亦安知不止此而匿不以聞乎. 此啓本速下于該司, 爲公事可也."

77 『명종실록』 권5, 명종 2년 2월 13일 을미, "領議政尹仁鏡, 左議政李芑, 右議政鄭順月, (중략) 會于賓廳, 議馬島約條【一, 歲遣船二十五隻內, 大船九隻, 中船八隻, 小船八隻, 各船人數, 如過其數, 留浦糧, 各減其半. 受圖書受職來通船人數亦同. 一, 船上什物, 一切勿給. 一, 稱風浪不順, 加德島以西來泊者, 論以倭賊. 一, 五十年以前受圖書受職者, 依壬申年約條例, 勿許接待. 一, 乘夜踰墻, 或毀墻而出閭閻往來者, 或乘三所船, 潛行諸島者, 夜憑採葛, 登山橫行者, 永勿許接其船. 一, 凡約束一從鎭將之令, 違者重則三年, 輕則限二年, 〔不〕許接待.】"

78 『명종실록』권18, 명종 10년 5월 16일 기유, "全羅道觀察使金澍馳啓曰, 五月十一日, 倭船七十餘隻, 來泊達梁【浦名.】外, 自梨津浦, 達梁浦, 分東西下陸, 焚蕩城底閭閻, 遂圍其城云. 初倭船十一隻, 見於海島中, 終至於下陸, 或吹角縱火, 或揮搶拔劒, 加里浦僉使李世麟卽馳報於兵使元績, 績與長興府使韓蘊, 靈巖郡守李德堅, 將往救之, 馳赴達梁, 因爲所圍."

79 『증정교린지增正交隣志』卷4, 「約條」.

80 『증정교린지』卷4, 「約條」.

81 이상 왜관의 운영과 관련한 설명은 장순순, 『朝鮮時代 倭館變遷史 硏究』(전북대학교 박사학위논문, 2001a)에 상세하게 수록되어 있다.

82 『증정교린지』卷4, 「約條」, "孝宗四年癸巳, 定禁散入各房約條. 因府使任義伯狀啓, 大廳開市或有未盡, 計數論價之事, 則許令商賈更入中大廳, 盡情論定卽爲罷出, 如前任意散入各房者, 論以潛商. ○從前負債者雖難一切置法, 自壬辰正月爲始潛用倭債者, 毋論多少, 論以極律. ○倭人相接時, 買賣說話外濫及我國事情者, 隨現馳啓, 論以漏泄機務之律. ○舘門外, 東萊府使軍官釜山僉使軍官各一員, 擇定逐日輪直, 訓導別差禮單譯官東萊釜山任使吏民及受東萊標文者外, 如有無端出入者, 隨現馳啓, 從重科罪."

83 『현종실록』권20, 현종 13년 4월 29일 갑진.

84 양흥숙, 「접경지 동래부를 읽는 방법, 왜관 밖에서 만난 일본인」, 『해항도시문화교섭학』30, 한국해양대학교 국제해양문제연구소, 2024, 120-121쪽 참조.

85 김강일, 「闌出, 조선의 고민과 그 대책」, 『전북사학』36, 전북사학회, 2010, 89-90쪽 참조.

86 『변례집요』권13에 수록된 「闌出」편에는 인조 4년(1626)부터 순조 24년(1824)까지 총 21차례의 난출 사건 내용이 기록되어 있다.

87 『숙종실록』권31, 숙종 23년 8월 25일 임신.

88 『숙종실록』 권4, 숙종 1년 윤5월 3일 경인.

89 『숙종실록』 권48, 숙종 36년 3월 29일 갑오.

90 『증정교린지』 卷3, 「館宇」, "設門. 六間, 墻垣東抵海十餘步, 西至山頂數百步. 東萊將校一人, 通事一人, 門直一名 守直. ○初無設門, 肅宗三十五年己丑, 府使權以鎭始設."

91 『변례집요』 卷2, 送使, 圖書·賞職.

92 『숙종실록』 권47, 숙종 35년 4월 13일 갑인.

93 『증정교린지』 卷4, 「約條」.

94 『비변사등록』 170책, 정조 11년 1월 29일.

95 『비변사등록』 246책, 철종 10년 1859년 6월 20일.

96 『내부일기萊府日記』 己未 7月 初3日.

참고문헌

1. 자료

『朝鮮王朝實錄』.
『承政院日記』.
『備邊司謄錄』.
『同文彙考』.
『通文館志』.
『聖祖仁皇帝實錄』.
『世宗憲皇帝實錄』.
『北行隨錄』.
『萊府日記』.
『邊例集要』.
『增正交隣志』.
『荷谷先生朝天記』.
『重峯朝天日記』.
『磻溪隧錄』.
『經世遺表』.

2. 단행본

구도영, 『16세기 한중무역 연구 : 혼돈의 동아시아, 예의의 나라 조선의 대

　　　　명무역』, 태학사, 2018.
구범진, 『청나라, 키메라의 제국』, 민음사, 2012.
구범진·배우성 역, 『국역『同文彙考』犯越 史料 1』, 동북아역사재단, 2008.
국사편찬위원회, 『한국사론 34-한국사의 전개과정과 영토』, 2002.
동북아역사재단, 『국역 조선 후기 북방사자료집』, 2022.
박원호, 『明初朝鮮關係史硏究』, 일조각, 2002.
배우성, 『조선후기 국토관과 천하관의 변화』, 일지사, 1998.
우경섭, 『조선중화주의의 성립과 동아시아』, 유니스토리, 2014.
이화자, 『朝淸國境問題硏究』, 집문당, 2008.
_____, 『한중국경사 연구』, 혜안, 2011.
전해종, 『韓中關係史硏究』, 일조각, 1970.
정병철, 『'天崩地裂'의 時代, 明末淸初의 華北社會』, 전남대학교출판부, 2008.
정옥자, 『조선후기 지성사』, 일지사, 1991.
_____, 『조선후기 문화운동사』, 일조각, 1997.
_____, 『조선후기 조선중화사상연구』, 일지사, 1998.
정옥자 외, 『조선시대 문화사 1, 2』, 일지사, 2007.
조　광, 『조선후기 사회의 이해』, 경인문화사, 2010.
최소자, 『明淸時代 中·韓關係史 硏究』, 이화여자대학교, 1997.
_____, 『淸과 朝鮮 : 근세 동아시아의 상호인식』, 혜안, 2005.
하명준, 『조선의 근대전환과 평안도 연구-평안도인의 정치·문화 운동』, 경인문화사, 2017.

한국역사연구회 의례사연구반, 『조선시대 의례 연구의 현황과 지평의 확장』, 민속원, 2022.

허태구, 『병자호란과 예, 그리고 중화』, 소명출판, 2019.

허태용, 『조선후기 중화론과 역사인식』, 아카넷, 2009.

3. 논문

구도영, 「조선 전기 對明 使行 護送軍 제도와 운영」, 『인문과학연구』 50, 대구가톨릭대학교 인문과학연구소, 2016.

_____, 「조선 전기 요동에서 사행使行 호송군護送軍의 역할과 국제무역의 경계」, 『東北亞歷史論叢』 58, 동북아역사재단, 2017.

구범진, 「淸의 朝鮮使行 人選과 '大淸帝國體制'」, 『인문논총』 59, 서울대학교 인문학연구원, 2008.

_____, 「崇德年間 淸朝의 朝鮮 王室 冊封과 冊封文書」, 『명청사연구』 52, 명청사학회, 2019.

권내현, 「조선 전기 對明使行과 平安道의 護送·運送 부담」, 『사총』 106, 고려대학교 역사연구소, 2022.

김강일, 「闌出, 조선의 고민과 그 대책」, 『전북사학』 36, 전북사학회, 2010.

김선민, 「18세기 후반 청-조선의 범월문제와 경계관리: 金順丁·朴厚贊 사건을 중심으로」, 『민족문화연구』 72, 고려대학교 민족문화연구원, 2016.

김성희, 「耆隱 朴文秀의 위민활동과 그 의의」, 『사학연구』 96, 한국사학회, 2009.

_____, 『朝鮮 肅宗의 君臣義理 定立과 尊周大義』, 동국대학교 박사학위논

문, 2020.

김진곤, 『高麗~朝鮮前期 '邊境' 政策 硏究』, 서울시립대학교 박사학위논문, 2023.

김창수, 「청의 조서詔書 반포 사신을 통해 본 조선의 지위」, 『역사와 현실』 89, 한국역사연구회, 2013.

_____, 『19세기 조선·청 관계와 사신외교』, 서울시립대학교 박사학위논문, 2016.

_____, 「18~19세기 병자호란 관련 현창과 기억의 유지」, 『조선시대사학보』 81, 조선시대사학회, 2017.

_____, 「조선·청 외교문서의 교섭경로와 성경의 역할」, 『역사와 현실』 107, 한국역사연구회, 2018.

김혜자, 「朝鮮後期 北邊越境問題 硏究」, 『梨大史苑』 18·19합집, 이화여자대학교 사학회, 1982.

남이슬, 「康熙年間 淸國人의 海洋犯越과 朝·淸 양국의 대응」, 『명청사연구』 44, 명청사학회, 2015.

노대환, 「숙종·영조대 對明義理論의 정치·사회적 기능」, 『한국문화』 32, 서울대학교 한국문화연구소, 2003.

배우성, 「17·18세기 淸에 대한 인식과 북방영토의식의 변화」, 『한국사연구』 99, 한국사연구회, 1997.

_____, 「조선후기 中華 인식의 지리적 맥락」, 『한국사연구』 158, 한국사연구회, 2012.

서인범, 「압록강하구 沿岸島嶼를 둘러싼 朝·明 영토분쟁」, 『명청사연구』 26, 명청사학회, 2006.

_____, 「조선시대 승려들의 압록강 越境事件」, 『한국사상과 문화』, 한국사

상문화학회, 2010.

서인범, 「청 강희제의 開海政策과 조선 西海海域의 荒唐船」, 『이화사학연구』, 이화여자대학교 이화사학연구소, 2015.

손성욱, 「淸 朝貢國 使臣 儀禮의 形成과 變化」, 『동양사학연구』 143, 동양사학회, 2017.

_____, 「王世子 冊封으로 본 淸·朝 관계(康熙 35년~乾隆 2년)」, 『동양사학연구』 146, 동양사학회, 2019.

양흥숙, 「접경지 동래부를 읽는 방법, 왜관 밖에서 만난 일본인」, 『해항도시문화교섭학』 30, 한국해양대학교 국제해양문제연구소, 2024.

오수창, 「18세기 영조·정조의 평안도에 대한 정책」, 『역사와 현실』 17, 한국역사연구회, 1995.

유바다, 「朝鮮 初期 迎詔勅 관련 儀註의 성립과 朝明關係」, 『역사민속학』 40, 역사민속학회, 2012.

이규철, 『조선초기의 對外征伐과 對明意識』, 가톨릭대학교 박사학위논문, 2013.

_____, 「조선 성종대 외교의례 변경에 대한 논의와 대명의식」, 『역사와 현실』 98, 역사비평, 2015.

이명제, 『17세기 청·조선 관계 연구』, 동국대학교 박사학위논문, 2021.

이재경, 「三藩의 亂 전후(1674~1684) 조선의 정보수집과 정세인식」, 『한국사론』 60, 서울대학교 국사학과, 2014.

_____, 「大淸帝國體制 내 조선국왕의 법적 위상—국왕에 대한 議處·罰銀을 중심으로—」, 『민족문화연구』 83, 고려대학교 민족문화연구원, 2019.

이화자, 『17~18세기 越境문제를 둘러싼 朝·淸 교섭』, 서울대학교 박사학위논문, 2003.

임경준, 「三藩의 亂과 淸朝의 盛京地域 支配體制 强化 : '新滿洲' 佐領의 이주와 三藩의 安揷을 中心으로」, 동국대학교 석사학위논문, 2013.

임현채, 『18세기 犯越사건을 통해 본 朝鮮의 對淸 태도』, 서강대학교 석사학위논문, 2016.

장순순, 「朝鮮時代 倭館變遷史 硏究』, 전북대학교 박사학위논문, 2001a.

_____, 「朝鮮前期 倭館의 成立과 조·일 외교의 특질」, 『한일관계사연구』 15, 한일관계사학회, 2001b.

정다함, 「'事大'와 '交隣'과 '小中華'라는 틀의 초시간적인 그리고 초공간적인 맥락」, 『한국사학보』 42, 고려사학회, 2011.

최종석, 「고려말기·조선초기 迎詔儀禮에 관한 새로운 이해 모색-『蕃國儀注』의 소개와 복원-」, 『민족문화연구』 69, 고려대학교 민족문화연구원, 2015.

_____, 「조선초기 迎詔禮 운영과 『蕃國儀注』」, 『역사와담론』 86, 호서사학회, 2018a.

_____, 「鞠躬인가 五拜三叩頭인가?」, 『한국문화』 83, 서울대학교 규장각한국학연구원, 2018b.

_____, 「고려후기 拜表禮의 창출·존속과 몽골 임팩트」, 『한국문화』 86, 서울대학교 규장각한국학연구원, 2019a.

_____, 「가마를 탈 것인가 말을 탈 것인가? 조서와 칙서를 함께 맞이할 것인가 별도로 맞이할 것인가?-성종 19년 조선과 명 사신의 迎詔勅禮를 둘러싼 갈등과 그 성격-」, 『한국문화』 87, 서울대학교 규장각한국학연구원, 2019b.

한명기, 「明淸交替 시기 朝中關係의 추이」, 『동양사학연구』 140, 동양사학회, 2017.
한명기, 「명청교체기 동북아 질서와 조선 지배층의 대응」, 『역사와 현실』 37, 한국역사연구회, 2000.
한성주, 「조선시대 접경공간의 시대적 변동양상 연구-압록강·두만강 유역을 중심으로-」, 『중앙사론』 50, 중앙대학교 중앙사학연구소, 2019.
허태구, 『丙子胡亂의 정치·군사사적 연구』, 서울대학교 박사학위논문, 2009.
허태용, 『朝鮮後期 中華繼承意識의 展開와 北方古代史認識의 强化』, 고려대학교 박사학위논문, 2007.
홍선이, 『17~18세기 초 조선의 對淸 歲幣·方物 규모와 조달 방식』, 고려대학교 석사학위논문, 2012.
홍성구, 「청질서의 성립과 조청관계의 안정화: 1644~1700」, 『동양사학연구』 140, 동양사학회, 2017.

4. 인터넷 자료

국사편찬위원회 한국사데이터베이스 조선왕조실록(http://sillok.history.go.kr)
국사편찬위원회 한국사데이터베이스 승정원일기(http://sjw.history.go.kr)
국사편찬위원회 한국사데이터베이스 명실록·청실록(http://sillok.history.go.kr/mc/main.do)
국사편찬위원회 한국사데이터베이스(http://db.history.go.kr)
한국고전번역원 한국고전종합DB(http://db.itkc.or.kr/)
동북아역사재단 동북아역사넷(http://contents.nahf.or.kr/)
서울대학교 규장각한국학연구원 원문검색서비스(http://kyudb.snu.ac.kr/)